Couper le cordon

Guérir de nos dépendances affectives

Eyrolles
1, rue Thénard
75240 Paris Cedex 05

Consultez notre site :
www.editions-organisation.com

Dans la même collection :

Saverio TOMASELLA, *Faire la paix avec soi-même.*

Lorne LADNER, *Le bonheur passe par les autres.*

Valérie BERGÈRE, *Moi ? Susceptible ? Jamais !*

Michèle DECLERCK, *Le malade malgré lui.*

ISBN : 2-7081-3291-1

Virginie Megglé

Couper le cordon

Guérir de nos dépendances affectives

EYROLLES

Merci à mes proches pour leur infinie patience.
Merci à ceux et celles qui m'accordent leur confiance ou m'apportent leur soutien.
Et à mes prédécesseurs aussi dont la pensée chaque jour m'accompagne.

Table des matières

TROISIÈME PARTIE

Auteur de « soi-m'aime »

Introduction

Lorsque la nécessité d'une séparation se profile, des sentiments mitigés surgissent. Sur le bonheur de découvrir autre chose, ailleurs, en d'autres compagnies, se greffe le regret de quitter ce qui « ici » nous a soutenu. Ces sentiments puisent leur origine dans la toute petite enfance et, au-delà, dans la complexité de l'histoire familiale.

Certains souvenirs enfouis transmis en héritage d'une génération à l'autre se manifestent là où l'on ne les attendait pas. Sous des formes elles aussi inattendues, ils perturbent le quotidien et compromettent la réalisation de certains projets. Ainsi, un voyage inattendu, nous rappelant à notre insu à la douleur de la disparition ignorée d'un ancêtre, peut réveiller une « souffrance impensée ». Celle-ci rend alors plus complexe, et peut-être aussi plus urgente, la nécessité vitale de... couper le cordon.

Une mise à la retraite (espérée), un licenciement (redouté), l'éloignement d'un ami, la fin des vacances, sont synonymes d'appréhension du devenir... Même le malade hospitalisé, heureux de recouvrer la santé ou d'en finir avec un traitement lourd, peut sortir de l'hôpital avec une pointe de regret teinté de mélancolie. Il est dur de se détacher de qui vous a aimé ou a pris soin de vous. L'enfant insatisfait de son sort qui réclame la pension ne quittera pas sans peine le domicile familial... fut-ce pour une semaine. Et le jeune bachelier fier du sentiment d'autonomie que lui communique son diplôme se sent triste de tourner le dos aux années lycée. Ces situations, pour le moins paradoxales, en évoquent de précédentes, elles-mêmes dépendantes de la relation maternelle primordiale dans laquelle s'inscrit et s'alimente, plus ou moins, pour chacun de nous, un sentiment d'abandon.

Quand la séparation entre en écho avec ces instants de vie premiers, qu'elle les ravive avec plus ou moins de douleur, d'intensité, de délice ou de cruauté, elle nous révèle plus dépendant que nous aimerions le (faire) croire. Non que nous ayons (tous) fait l'objet d'un abandon véritable, mais parce que la séparation première, aussi difficile qu'indispensable à la vie, et les premiers pas vers l'indépendance, n'ont pu se passer, dans le meilleur des cas, sans douleur.

Alors que l'être humain aspire à grandir, à se développer, à se conduire dans la dignité, voilà qu'à l'occasion d'un départ, d'une absence ou d'un retard, plus ou moins anodin, les traces de « drames intimes » resurgissent de l'inconscient et alourdissent le présent en faisant peser le doute sur nos forces d'action et de réaction. Elles nous handicapent, et orientent notre conduite dans un sens que nous n'aurions pas voulu, pas cru, pas pensé, souhaité lui donner. Le divorce que l'on espérait serein et sans dommage pour les enfants menace de se transformer en pugilat. Le départ du petit dernier dans la meilleure des colonies de vacances, projeté jusqu'à la veille dans la joie et la bonne humeur, s'avère être source d'une détresse inouïe. Le retard de l'amant merveilleux nous persuade de sa mort ou de notre disparition irrévocable de son univers, et le changement de poste dont nous avions rêvé s'annonce... un crève-cœur.

Appréhension, tristesse, regret, vapeur, vertiges, fébrilité, colère, perte de substance ou de combativité, menacent de transparaître. Nous cherchons à les dissimuler. Ils insistent, obstruent notre ciel et transforment un moment de rêve en cauchemar. Les projets s'écroulent, nos forces nous abandonnent ! Nous en souffrons et le cachons, n'imaginant pas un seul instant que peut-être « l'autre », en face de nous, est saisi du même désarroi, lui dont la vie semble si lisse… que la pensée que la nôtre puisse paraître à ses yeux encore plus lisse… ne nous frôle pas !

Il suffit parfois de reconnaître notre part de détresse, d'en admettre la légitimité, d'en dénouer quelques causes, pour rendre ses couleurs à notre vie quand le ciel s'obscurcit, et lui insuffler une énergie positive.

Reconnaître la légitimité d'un sentiment pénible ne signifie pas faire appel à la complaisance ni prendre une position de « victime » (du destin, de ses parents, de ses voisins). Mais par la compréhension des faits qu'elle suppose, la reconnaissance aide à se détacher de ce qui fait souffrir. Il s'agit de retrouver dans le malheur, et dans ce qu'il cachait, les bienfaits d'un passé dont on ne parvenait à se dégager de l'emprise. Rétablir la circulation, dénouer les nœuds, libérer de l'énergie, être en accord avec ses attaches, s'accepter… accepter sa part de responsabilité, redonne du cœur à l'ouvrage, et autorise à aller de nouveau de l'avant pour nouer, dans un premier temps, d'autres liens. Et, dans un second, renouer, sur un plan symbolique, plus créatif, avec ce lien premier qui nous a donné vie.

L'histoire, les contes, la mythologie, excellent à traduire en mots la mémoire du corps, de l'acte, de la pensée. Ils proposent à notre intelligence des figures dont la lecture aide à comprendre ce que nous vivons. En nous appuyant, d'une part, sur les plus connues de celles-ci, et d'autre part sur des exemples pris dans le quotidien, nous nous appliquerons à travers le prisme de « l'impensé » généalogique et familial, et différents phénomènes de transmission, à approcher les difficultés inhérentes à la séparation, pour mieux les appréhender, dans leur complexité.

Puis nous essaierons de livrer quelques clefs dont la portée dynamique a eu l'occasion de faire ses preuves, pour permettre à chacun de réussir, au mieux de ses capacités, cette séparation aussi difficile qu'indispensable. À couper le cordon… pour renouer des liens plus heureux.

Sachant que tout projet de vie dépend autant de soi, et de sa créativité, que des données de départ, nous irons aux sources de ce qui en nous peut animer le sentiment d'abandon. En découvrant en quoi il fait sens, nous y puiserons les « ressources » propres à alimenter notre désir, notre courage, et à ouvrir quelques perspectives plus heureuses.

Première partie

Réalités et sentiments

Chapitre 1

Des mots et des maux

Des mots chargés de sens et d'histoire

Abandon, séparation, désespoir… sommes-nous troublés par les mots ou par ce qu'ils recèlent ? Solitude, dépendance, dépression, perte, échec, toxicomanie, mélancolie… l'apparition, au détour d'une conversation, de certains mots porteurs d'émotions qui exacerbent la sensibilité, figure l'éventualité de mauvais présages. Humiliant, dévalorisant et culpabilisant, on aimerait ne pas être concerné par ce que ces mots représentent. Associés à des situations inquiétantes, ils éveillent révolte, colère, peur, répulsion, scepticisme, tristesse ou appréhension. Communiquant un malaise justifié par une cause à ce point enfouie que nous le croyions injustifié, nous les accueillons avec un feint détachement. Conjuration superstitieuse ou volonté délibérée, nous craignons sans nous l'avouer que leur évocation ne déclenche le malheur qu'en leur sillage ils supposent. La famille qui vole en éclats, le couple qui se déchire, l'accident imprévisible aussi cruel qu'inéluctable... autant de perspectives redoutables.

Il en est d'autres dont on aimerait se nourrir... Amour, tendresse, rencontre, réussite, union, richesse, stabilité, autonomie, équilibre... La vie serait alors un régal ! Symboles de l'idéal auquel chacun aspire, on les savoure, ils nous apaisent, nourrissent nos rêves.

Les mots aident à entrer en communication avec nos semblables, à identifier nos perceptions, définir ce que l'on pressent, ce qui nous touche, ce que l'on projette. En soi ou à l'extérieur. Espoir ou frayeurs. Ce que l'on croit ou ce que l'on veut. Ils favorisent la compréhension, invitent à la connaissance, mais la connotation rébarbative de certains incite à les bouder. Synonyme de cauchemar, menace de désespoir, on préférerait tenir le terme « abandon » à l'écart, tourner le dos à la dépendance, mépriser drogue ou toxicomanie, comme si ce que ces mots laissaient entendre ne devait jamais nous concerner. On les tait autant qu'on les maudit en raison de la sensation désagréable qui les entache sans que l'on sache à quoi cette sensation se rattache.

Oser apprivoiser le mot qui inquiète pour mieux appréhender ce qu'il éveille en nous permet au pire de mieux s'en détacher, au mieux de l'employer tel un vecteur utile à bon escient. Qu'il signale la disparition d'un être cher, l'épuisement total des ressources, la dégradation d'un lieu de vie, la perspective de l'abandon est redoutable. On le pointe sur un air de remontrance pour dénoncer les mœurs d'une femme qui s'est perdue un soir dans des bras inconnus. On fustige qui abandonne conjoint ou enfant, et qui trahit soudainement ses engagements déçoit amèrement. Maison familiale ou village à l'abandon sont emblèmes d'humaine désolation, dont l'absence, le vide, la désertion, la béance sont de malheureux échos.

Désistement poli, résignation aimable ou sacrifice exemplaire ne le rendent guère plus enviable. On doute du bonheur affiché par qui s'abandonne corps et âme à une secte au profit d'un guru ! Et la faiblesse de qui est réduit au dénuement par des créanciers est une menace qui nous glace le sang. Le père qui renonce à ses droits n'est pas celui dont nous aimerions être l'enfant, et le champion que ses forces... abandonnent en plein exploit attise les moqueries de ses détracteurs et désole ses zélateurs.

Perte ou oubli de ses intérêts, de ses devoirs, de ses principes. Renoncement ou négligence... S'abandonner à la providence signe l'absence d'ambition. Et l'aimé qui s'adonne épuisé plus que de raison à la boisson effraie. On le blâme, on le sermonne, on le fuit. S'il ne se ressaisit on le quitte, oui. La crainte d'être contaminé incite à abandonner qui nous abandonne en... se laissant aller ! Parfois l'abandon n'est ni état désespéré ni acte désespérant... Douceur de vivre ou négligence heureuse, qui s'abandonne alors renonce à cultiver son apparence. Ainsi la courtoise disposition du professeur émérite se laissant aller un après-midi à converser sans prétention avec ses étudiants émeut. L'abandon que l'on dénote dans l'exécution d'une œuvre d'art, indiquant la sérénité qui en émane, procure une délicieuse plénitude. Et celui du nourrisson repu ou du jeune enfant en son sommeil nous entraîne dans des contrées de rêve dont le malheur aurait été banni... S'agit-il d'un mirage qu'une crispation bientôt abolira esquissant une grimace sur un visage dont la candeur nous ravissait ? Surgissant en pleine nuit, le cauchemar rappelle à la réalité avec son lot de risques véritables. La vigilance interdit le laisser-aller, nos forces à aucun moment ne doivent nous abandonner ! Nous aimerions tant que le bonheur se conjugue avec l'éternité...

« Qui serait à *ban doner* serait condamné à l'exil »

Relevant de la diversité, le sens des mots est composite. Il évolue au fil du temps, dépend du contexte, de ce que chacun y met selon son histoire, et bénéficie de chassés-croisés et d'emprunts connotés qu'on lui accorde ici ou là. Entre imagination et recherche, l'une et l'autre expression de la créativité et de l'évolution, le mot serait ainsi traversé de l'âme de tous ceux qui l'ont créé. Il aime à voyager et se forger au fil du hasard et de la nécessité entre formation savante et déformation populaire. Le langage de l'affectif et de l'émotionnel bénéficie de la seconde, tandis que la première, propre aux sciences ou à la philosophie, implique l'élaboration raisonnée de nouveaux concepts.

L'évolution de « ban », que l'on retrouve en allemand, en anglais, en italien et qui laisse entendre une condamnation à l'exil, reflète bien la complexité et l'ambiguïté de l'abandon. À partir d'une racine latine *bando bandonis,* ordre, prescription, l'expression provençale « à ban » a finalement donné notre « abandon », formé au XIIe avec l'ancien « bandon », pouvoir, autorité, permission... Qui alors était laissé « à l'à bandon d'X » était livré à son pouvoir... Qui « à ban laissait » ne retenait pas à soi. Qui « à ban donait Y » autorisait autrui à exercer entière autorité sur Y. Triste perspective réservée à « l'à ban doné » qui ne s'appartenait plus et dont la solitude intérieure rappelle celle douloureuse à laquelle exil ou bannissement obligent.

En Provence, laissant les bêtes « à bandon » ou « à banon », on les laissait sans garde. Ce qui se conçoit pour du bétail, plus difficilement pour un enfant. Livré à lui sans barrière ni chaîne ni piquet, mais aussi sans limites ni soutien, ne se sentirait-il plus ivre de liberté, dépendant de la faim, de la soif, des intempéries qu'heureux de folâtrer ?

Ainsi, d'usage en usage, le mot s'est-il précisé jusqu'à nos jours, pour apparaître à travers ses glissements de sens en toutes ses variations, entre permission et liberté, nécessité et perdition, servitude et dépendance, autorisation et déchéance, grâce naturelle et sujétion accablante, pour laisser entendre l'état de celui qui doit se résigner à l'absence de pouvoir, d'amour, de poste, de communication... quelles que soient cause ou finalité de cette destitution.

On comprend l'effroi de la personne promise sans secours à l'abandon véritable ou la profonde détresse de qui y a (sur)vécu. On peut s'interroger aussi sur qui laisse autrui livré au désespoir. Passivité et fatalisme, servitude et déterminisme, ingratitude et mépris, indifférence ou déloyauté, il ne serait guère plus heureux d'abandonner que d'être abandonné... Nul ne souhaite voir son âme, son cœur, sa volonté, sa fortune, son autorité livrés à d'autres contre son gré, ni s'imaginer sans mal entraîner perte ou désolation...

Vous avez dit sentiment ?

« J'ai besoin qu'on m'aime
Mais personne ne comprend
Ce que j'espère et que j'attends
Qui pourrait me dire qui je suis ?
Et j'ai bien peur
Toute ma vie d'être incompris
Car aujourd'hui : je me sens mal aimé... »
Claude François.

On sent… ce que nous communiquent nos sens. Cela va de soi. Le regard, le toucher, le goût, l'ouïe, l'odorat – les plus traditionnels – participent de notre perception du monde. Certains en imaginent un sixième, l'intuition, qui tout en utilisant les précédents en supposerait d'autres telles des phéromones dont nous n'aurions connaissance. N'a-t-on parfois l'impression de percevoir à distance ? de se sentir suivi ? d'être attiré irrésistiblement par un être, un lieu, une histoire ?

Sentiment, formé avec le suffixe *mens* (esprit), au sens premier signifie « dans l'esprit de ce qui est transmis par les sens »… Vivre un sentiment, c'est être parcouru de sensations et éprouver, à travers émotions et perceptions, une impression « comme si nous l'avions sentie » sans toujours savoir si elle correspond à une réalité concrète, ni à quelle réalité elle correspond. Sans douter cependant de la réalité de ce qui sur l'instant se transmet, à notre cœur, à notre corps, à notre esprit. On croit que… On a l'impression… On est comme sûr, au-delà des mots, persuadé…

Impression ou réalité ? Il (se) passe en nous de l'indubitable qui ne correspond à rien d'objectivement vérifiable. Le sentiment est de l'ordre du subjectif, et le sujet ne saurait trop longtemps douter de ses perceptions sans que soit menacé son équilibre…

Certains sentiments s'inscrivent directement en la réalité ambiante. D'autres s'en inspirent de façon indirecte par associations d'idées, de souvenirs, de sensations… Le cri d'un enfant, une odeur de brûlé. On se complaît dans une impression ou on la vérifie. Avec les yeux on s'assure de ce que l'odorat nous suggère, ou l'ouïe, pour le démentir ou le conforter. Oui, j'allais oublier le lait sur le feu, non, ma fille n'est pas réveillée… Penser un instant qu'elle l'était m'a permis de me rappeler le biberon que j'allais oublier.

L'imagination abreuve le sentiment et l'intensifie. L'absence de bruit peut convaincre que nous sommes seuls au monde. Avec délice ou désespoir. La vision d'une égratignure, d'un bouton sur le visage nous raconte un instant que nous sommes défigurés ! Et le goût des petits pois frais nous renvoie à cette époque où nous étions, c'est sûr, le préféré. Avérée ou contredite, l'impression première n'est jamais tout à fait démentie. Un sentiment en éveil trouve toujours de quoi se ressourcer. Une réalité en évoque une autre qui en évoque une autre qui nous imprègne, finit par influer sur nos gestes, notre tenue, nos comportements, notre pensée. Le sentiment d'être aimé peut rendre aimable, celui de se perdre nous égarer. Celui d'être dans le vrai aussi lorsque l'éventualité de se tromper est inacceptable ! Conscience plus ou moins claire d'un état, d'une situation, les sentiments mobilisent l'affectif autant que l'intuitif. Concernant un seul aspect de notre être, ils s'y propagent dans sa totalité. Ils nous inondent, nous traversent, nous gouvernent. Même si nous n'en sommes pas toujours maître, nous aimerions croire que nous le sommes ou encore l'être réellement. Alors un jour on les cajole, le lendemain on les exècre et les rejette lorsqu'ils se bousculent, contradictoires, nous molestent ou invitent à la détestation de l'autre ou de soi-même.

Amour, haine, déception, trahison, impuissance… On peut ressentir « comme de la haine » sans pourtant haïr la personne qui éveille ce sentiment, ou de la trahison sans que nul, de prime abord, n'ait commis le moindre acte de traîtrise. Pourtant, c'est bien en présence de certaines personnes que surgit ce sentiment qui nous déchire, et à elles que nous serions prêts à en vouloir définitivement ! Un climat en évoque un autre qui rappelle bonheur ou difficulté d'être.

Nous ne pouvons douter de la véracité des sentiments qui nous traversent. Sans savoir parfois les nommer, ils vibrent, nous remuent, nous habitent, nous guident, nous agitent, donnent du… sens. Participant de la composition de l'air qui nous imprègne, ils nous expriment et, nous reliant à l'autre, ils sont aussi ce que nous sommes.

Amitié, tendresse, regret... Leurs traces influencent notre pensée, modulent notre réceptivité, façonnent notre jugement, freinent ou soulèvent nos enthousiasmes, perturbent ou agrémentent actes, programmes, journées, d'instants inattendus, de réflexions soudaines, de décisions inespérées, que nous en ayons pleinement conscience ou que ce soit à notre insu. Dans le second cas, c'est en sourdine qu'ils poussent à la gaffe, à l'acte manqué ou... au trait de génie que tout le monde envie. Habitude, volonté ou politesse nous ont appris à les dissimuler. Colorant nos actes, transparaissant en filigrane derrière nos considérations, ils sont porteurs de toutes sortes d'émotions qui s'insinuent tels des visiteurs inconnus (plus ou moins désirables) dans nos relations personnelles, professionnelles, amicales, sentimentales.

Tout imprégnés d'histoires, de rêves, d'images, ils nous bercent ou nous bousculent, nous portent ou nous allègent, rappellent nos tourments et nos peines. Cheminant à travers des mots qui au détour d'une conversation les réveillent, dépendant d'un regard, ils résonnent selon notre histoire et entrent en écho avec le passé.

Quand un sentiment déborde sur la réalité, nous émeut à l'excès, nous inhibe ou nous énerve, il est probable qu'il fasse référence à un vécu réel. Choc physique ou psychique, qui fut pour le moins éprouvant et... mal digéré ! Pourquoi ne pas recevoir ce qui contrarie comme l'occasion à saisir d'une meilleure avancée ? Dénué d'affects et de sentiments, un corps ne serait-il pas lettre morte ? Il se modifie au gré des sentiments qu'il inspire !

Quand soudain surgissent des idées noires ou qu'un matin, sans raison, les forces nous lâchent, il n'est pas nécessaire d'avoir été livré par autrui à quelque force démoniaque ni réduit à la misère pour avoir le sentiment de l'être ou de l'avoir été. Quand le désespoir pointe, le ciel se fait gris, le sol se dérobe, le cœur se délite, notre corps chavire, on perd sa substance, l'horizon s'efface. Implorer Dieu, les cieux, père ou mère, nos aïeux… ? Se fondre aux nuages. Se laisser couler ? On a beau crier, on reste muet. Un rien désespère.

Effacer nos peines… Plonger dans le sommeil… Se rayer d'la terre… « Allô maman bobo pourquoi tu m'as fais chui pas beau. » Nous balbutions, loin des regards, aussi pitoyables que Souchon dont la plainte enfantine symbolise bien la difficulté à être seul parmi les grands, en certains moments. L'impression d'être livré(e) à soi-même, sans opinion ni certitude, sans désir ni envie, ni moyen ni soutien, nous tiraille entre vulnérabilité et impuissance, hypersensibilité et insensibilité, aussi troublante, aussi désespérante que si nous étions lâché dans le désert, sans repère !

Hermétique à l'idée qu'un jour il nous ait exalté, on ignore l'espoir. Sceptique quant à nos possibilités de refaire surface, on peine à ne plus s'enfoncer ! Le tableau est sombre, mais à l'instant on y croit et ne croit qu'à cela, tant il s'impose, écran de tristesse qui obstrue tout le reste, instant de vie aussi long qu'une vie.

Nous sommes bien dans l'esprit du vrai, abattu, même si l'état de notre couple, de notre compte en banque ou de nos actions en Bourse est aussi florissant que la santé de nos enfants. L'impression de détresse qui perdure donne le *la* à notre journée dont elle sonnera le glas si nous ne réagissons pas !

Comme pour justifier une sensation de lourdeur ou de paralysie, d'impuissance ou d'inertie, lui donner sa raison d'être, on l'alimente : au lieu de dormir, on traîne ; au lieu de sortir, on reste enfermé ; au lieu d'appeler un ami, on se replie sur soi. Plutôt que bien se nourrir, on grignote ou dévore, on suspend le temps. Et à minuit, errant, on se rue sur un médicament, on dévalise le réfrigérateur, on téléphone à son frère malgré le décalage horaire et, craignant de le trouver, on fuit le sommeil pour mieux le redouter !

Le supplice est à portée de main, une minute de retard, un papier égaré, une porte qui grince, une tache sur le mur, un rien contrarie. Désormais convaincu de ne plus être l'aimable que nous avons été, chaque seconde dure une éternité dans un monde qui n'est définitivement plus celui qui nous avait – c'était si bon – désiré. Quand la solitude se fait subir… on se (sup)porte mal. Coupé du monde, séparé de soi-même, comme mis en quarantaine, le moindre changement d'humeur, de programme, de temps suffit à remettre en cause la stabilité en ses bases. Elles basculent, nous voilà bousculés. À peine acquis, l'équilibre est ébranlé.

Ancrée à divers degrés au plus profond de soi, une angoisse, plus ou moins diffuse ou révélée, couve en permanence pour se traduire diversement chez l'un ou l'autre selon les moments. Surgissant par vagues, entre deux assauts, elle se laisse oublier. Hantise de n'être pas à la hauteur, de ne pouvoir faire face à une situation, révélatrice de fragilité, mettant en cause la valeur personnelle, cette angoisse rappelle la difficulté inhérente à toute séparation.

Manques essentiels

Au contact de la réalité, tout concourt à nous rendre susceptible de souffrir d'une insuffisance (humaine) qu'accentuera, par la suite, la révélation (sociale) d'une insuffisance (personnelle).

Chaque nouvelle réalité se manifeste d'abord par la sensation de manque qu'elle (re)produit. Sans se souvenir de ce que l'on a vécu à la naissance, on peut s'imaginer que le passage de l'univers chaud et humide du giron maternel à celui plus brutal et contrasté de la vie au grand air a pu représenter un choc plus ou moins réversible ou compensable.

Manque d'air, de mère, de nourriture, de chaleur, de douceur, d'humidité... La sollicitation de nouvelles forces apaise ou exacerbe l'effet de manque, autorise le désir ou le neutralise. Plaisir encourageant, frustration dramatique ou lésion traumatisante, toute sensation, lors d'un passage, s'intensifie. C'est en ces expériences premières, lorsqu'elles se font menaçantes, que se glissent les prémisses du sentiment d'abandon et l'influence qu'il exerce. Héréditaire ou génétique ? Si génétique signifie inscrit dans nos gènes, en tant que signe qui définit l'humanité, son étrange et familière spécificité, ce à travers quoi elle se reconduit de génération en génération, se génère et se régénère, par le sang ou par habitude... par mimétisme, imprégnation ou adaptation, pourquoi pas ?

Les phénomènes de transmission restent un mystère. Il est difficile de faire la part entre l'inné et l'acquis, l'hérité et le fabriqué, l'être et l'avoir. Reste que le manque, avec la nécessité de s'adapter qu'il représente pour survivre est une constante tributaire d'un changement permanent ! Trace pour mémoire d'une vérité qui se dit difficile à vivre même lorsque les attentions maternelles sont promesses de douceur, ce manque n'est pas fatalité mais prédéterminisme qui va plus ou moins à l'encontre d'un certain élan vital.

Certains sont émus plus que d'autres par ce manque. Dominés par la peur, ils s'y soumettent. D'autres l'oublient plus facilement. Portés par le désir, ils s'en détachent. La sensation de manque nous rappelle notre réalité – celle d'être (né) incomplet – et conditionne notre sentiment d'insuffisance que souligne une sensibilité à la différence. L'autre, lorsque nous nous sentons faibles, semble toujours être ou avoir plus.

Qui n'a souffert d'insuffisance ? Qui n'a connu le bonheur que procure une réponse à cette insuffisance ? Tout ce qui réactive le manque se fait plus cruel quand il n'a pu être bien compensé ou quand ou par sadisme, il fut exacerbé. Il arrive que l'on finisse par aimer le manque quand il nous a accompagné – rassurant paradoxalement notre permanence à travers la sienne – et renouvelant chaque jour le désir. Parfois aussi, l'impression de manquer paralyse. On finit par aimer cette paralysie. Le geste, qui en atténuerait les sensations pénibles, se fait difficile à accomplir. Le manque devient une façon d'exister parmi les autres, de se dire et de dire quelque chose de l'humanité.

Chapitre 2

Imaginaire et réalité du sujet

Songes et mensonges

Nombreux sont les drames de l'abandon ou de l'impossible séparation qui ont marqué nos histoires. Ignorés ou volontairement enfouis, leur écho résonne en nos mémoires, inspire nos civilisations, nourrit l'imaginaire dans lequel ils ont puisé, se répercute sur le quotidien. Il nous guide ou nous soutient, à travers la littérature, le cinéma, les arts plastiques, nous communique force et énergie… Toute douleur se faisant moins pesante lorsque ne s'y ajoute pas un sentiment d'exclusion, ses signes rappellent alors qu'elle est le lot commun de l'humanité. On aime à partager, ne plus se sentir seul. C'est ce qui nous rend si sensibles au destin de certains héros dans le parcours desquels nous nous reconnaissons quand, observé à distance, il accorde plus de sens à notre propre destin. Et qu'importe si ces héros sont des personnages imaginés par quelque artiste de talent ou des personnalités bien ancrées dans la vie, tels certains acrobates du sport, de la politique ou de toute autre discipline avec laquelle on a quelques affinités.

Laisser voguer son esprit tandis que le corps aspire à l'immobilité, devenir sirène, Zorro ou Davy Crockett sont façon de se soustraire au présent, comme si l'on craignait d'avoir à s'en séparer. Fils de Christophe Colomb ou frère de Saint-Exupéry, rien ne nous résiste sous l'impulsion d'exploits, dont nous serions totalement incapables dans la réalité. Projetés dans un lointain fictif et splendide, nous nous maintenons pourtant ici et maintenant, semblant ignorer ce même merveilleux présent qui nous ravit. Si le rêve se réalisait, il nous forcerait à abandonner ce qui aujourd'hui nous maintient en vie et permet… de le rêver. Sans peur et sans reproche, avide de célébrité, sauveur ou justicier, bonne fée ou princesse, épargné par les rides, les peines et les chagrins, on survole les obstacles, défait les méchants, multiplie les prouesses. Parent ou enfant, de Blanche-Neige et de la Petite Sirène, on ne retient que leur prince charmant, d'Harry Potter, la célébrité, de Zidane le titre de champion du monde ou la fulgurance du coup de pied, de Cendrillon, la fabuleuse marraine, de Mère Teresa le charisme.

Nous façonnons la vie selon notre désir et, selon le principe de plaisir, nous contournons la réalité. Bercés de songes, autrement dit en plein sommeil[1], telle la Belle au bois dormant, nous nous convainquons de pouvoir exister, dans le cœur des enfants, la bibliothèque des parents, après avoir dormi cent ans… notre épée magique ou les sept nains prêts

1. Songe et sommeil ont la même racine latine : *somnus,* « court sommeil ».

à nous sauver. Pourquoi ne pas remettre à plus tard ce que nous pensions faire à l'instant même ?

La vie se raconte ou se dessine autrement. On oublie que Blanche-Neige a souffert d'être abandonnée, qu'elle a dû ruser pour ne pas se laisser tuer par le chasseur et inciter celui-ci à enfreindre les ordres de sa maîtresse, la Reine, qu'elle n'a pas économisé sa peine pour échapper à ses démons intérieurs ou aux pièges que son inconsciente naïveté lui tendit tout autant que le fit sa marâtre...

Précieuse pour l'équilibre, la rêverie dit la nécessité de s'envoler, de prendre ses distances. Tel un enfant, il nous arrive encore de voir la réalité en notre désir, de souhaiter en même temps qu'une chose ait lieu et qu'elle ne se produise pas, de vouloir à la fois être aujourd'hui hier et demain tout en gardant les deux pieds ici alors que l'on se dirige là-bas, comme si les bottes de sept lieues n'avaient pas besoin d'être chaussées ! Certaines craintes sont faciles à maîtriser quand une carotte se présente de l'autre côté, mais d'autres, qui nous tirent en arrière, aboutiront au regret si nous nous enfonçons dans l'impuissance sans parvenir à les dépasser.

Parfois encore, on se voudrait courageux, mais les efforts que l'on fait pour le devenir demeurent vains. Comment arriver à déployer ceux qui, correspondant à une juste ambition, permettront de sortir du rêve, une fois qu'aura été remplie sa double fonction de détente et d'inspiration ? Grâce à cette double fonction, nous pouvons nous projeter dans l'avenir avec optimisme et élaborer ces projets dont la réalisation force à changer d'habitudes, pour parvenir à vaincre les obstacles dont le dépassement semble aussi insurmontable qu'indispensable.

L'ambivalence, le propre de la psychologie profonde de l'être humain, nous met face à des contradictions qu'il est impératif de dépasser. Nos choix nous le permettent, et notre identité peut ainsi se développer progressivement.

Se raconter des histoires, se dire sans bouger que l'on part, c'est aussi ne rien vouloir (pouvoir) perdre. Ne pas s'avouer ses erreurs revient à les nier, à rester du côté de l'absence de responsabilité. Toute erreur suppose des conséquences qui influent dans un sens peu bénéfique sur la réalité. Ne pas prévoir ces effets négatifs invite à ne pas s'en soucier. S'il est doux de se laisser illusionner par un rêve de réalité, « un rêve de chausson aux pommes n'est pas un chausson aux pommes[1] ». L'un nourrit le corps, l'autre le fantasmatique, mais si le chausson n'était savouré qu'en imagination, nous serions privés de ses apports vitaminiques !

Continuer à rêver à ce que l'on désire sans rien entreprendre pour l'acquérir équivaut à se le refuser. Quel juste effort permettrait d'y parvenir ? De cette façon de ne pas avancer, qui génère son lot de petites et grandes misères, on peut penser qu'elle n'est qu'un pis-aller, pas trop déplaisant quand on se trouve dans l'impossibilité de pouvoir faire et être autrement.

Se raconter une histoire pour ne pas perdre la face devant une autorité, pour un geste dont on n'a su se priver, préserve dans l'immédiat l'estime de soi-même. Quand on grandit, toutefois, assumer son autocritique, s'avouer sa faiblesse, devient plus positif que de s'enfoncer dans le mensonge pour ne pas perdre l'image que l'autre a de nous... Quand la crainte d'être découvert par une autorité supposée, implique le mensonge, se sentir « dans le mal »... pousse parfois à se faire du mal, au risque de mettre à trop rude épreuve la solidité du lien qui nous rattache à la vie.

1. Proverbe juif.

Il était une fois...

Princes, princesses, marâtres et mauvais pères de contes de fée s'entêtent à travers les décennies à faire entendre qu'il est important de se lever pour quitter père et mère, pour faire face à son destin et à la réalité extérieure, en dépit de l'adversité. Il nous font découvrir qu'à s'obstiner dans l'erreur, on paye de sa personne, mais également qu'aucune erreur n'est irréparable si elle repose sur la naïveté et non une volonté de nuire... La méchante marâtre qui cherche à éliminer – au mépris du cœur – la rivale qui ne cède à son intransigeante volonté n'est pas plus épargnée que l'ogre qui ne résiste pas à ses appétits carnassiers.

L'obstacle immense que représente l'ogre sur sa route donne toute sa valeur à l'exploit du Petit Poucet décidé, au contraire d'un Petit Chaperon rouge dont le loup ne fit qu'une bouchée, à ne pas se laisser engloutir par le monstre. Son image fantasmée vise à ouvrir les yeux et à encourager imagination et instinct de survie, raison pour laquelle l'ogre ne peut être considéré comme tout à fait mauvais !

Les contes excellent à traduire en mots la mémoire du corps, de l'acte à la pensée, et proposent à notre intelligence des figures qui sollicitent notre réflexion et nous aident ainsi à comprendre ce que nous vivons.

Du doute à la certitude, de l'appréhension au désir, avec timidité ou courage, les contes nous promènent, tel un songe, entre jadis et demain, nulle part et partout à la fois, un peu ici, un peu là-bas. Le lecteur, qui parfois s'identifie à l'autre, parfois reste lui-même, ne sait pas toujours s'il est l'ogre, le prince ou le roi, la belle ou la bête, la marraine ou la marâtre... On découvre, à la lecture attentive de ces textes, que s'il n'y a de séparation qui ne soit douloureuse, il n'est de courage ni de persévérance qui ne soient récompensés pour qui est décidé à prendre sa vie en main et à surmonter tous les obstacles... Qu'un cœur résiste à tout s'il est déterminé à ne pas succomber au premier plaisir, à la première crainte, à la première erreur… Qu'il faut du temps, de la patience, et finalement beaucoup de finesse, avant que n'apparaisse le bonheur personnel, celui de la maturité et de l'épanouissement

Le Petit Poucet a su faire preuve d'ingéniosité et de persévérance pour ne pas se laisser aller au désespoir, à la honte, à l'humiliation d'avoir été perdu en forêt tel un objet, pour résister à la voracité de l'ogre, mais aussi sauver ses frères et apporter le réconfort à ses parents. À quoi bon (sur)vivre seul ? Alors que ses frères se morfondent en désespérance, lui est motivé par la vaillance, et affronte son destin pour ne pas se perdre dans les craintes et le chagrin.

Se séparer, c'est aussi apprendre que l'effort est indispensable pour accomplir le travail qui revient à chacun, la nécessité de ne pas céder à la facilité si l'on souhaite reconnaissance et longévité. La séparation, c'est également comprendre que le gentil n'est jamais tout à fait bon, que le méchant n'est jamais tout à fait mauvais.

Cendrillon aurait-elle été l'élue du prince si elle avait refusé d'accomplir « ses travaux forcés » auxquels sa marâtre et ses sœurs jalouses l'occupaient ? Si, plutôt que de transcender ce qui se percevait comme un malheur, elle s'était usée à vouloir se faire reconnaître par qui ne l'appréciait pas, ou s'était épuisée dans les mauvaises querelles que ses sœurs lui faisaient ? Sœurs qui, d'ailleurs, affligeantes d'avarice, trop attachées à leur mère et gâtées sans doute à l'intérieur, paraissent n'avoir guère de succès à l'extérieur.

Il faut savoir, le jour venu, tourner le dos à qui ne nous apprécie pas… ou se déprendre de qui nous apprécie trop. Il n'y aurait pas d'accomplissement du destin sans difficulté surmontée.

Que serait-il advenu de Blanche-Neige si elle n'avait été chassée et contrainte de partir chercher son bonheur sous d'autres cieux ? Quel aurait été son destin si elle avait forcé l'amour en retournant chez elle, en feignant d'ignorer qu'elle n'y était désirable ?

L'une et l'autre auraient-elles si brillamment vécu si elles n'avaient dû (ni su) résister à l'adversité ?

Tout ceci ne veut pas dire qu'il faut être persécutée avant que de rencontrer un prince, mais que même persécuté, on peut rencontrer l'amour ou le bonheur qui nous convient.

Bien souvent, les contes nous hypnotisent parce qu'ils finissent bien. Pourtant, de génération en génération, leur message initiatique tendrait plutôt à enseigner l'éveil à la vie et le sens du devoir, la nécessité du « ça-voir » et l'espoir de dépasser les déceptions ressenties quand on se trouve confronté à la réalité.

Si Babar plaît tant aux enfants, n'est-ce pas pour son courage face à une séparation brutale symbolisée par la mort de sa mère sous les balles du chasseur ? Sans se laisser déborder par le chagrin, il se montre capable d'agir, de se débrouiller seul, de prendre du plaisir à bien se conduire pour réussir au mieux sa vie. L'abandon maternel imposé par le destin est l'occasion de mettre en œuvre ses talents. Babar devient roi (en son pays), sans jamais rien regretter du passé, et après avoir vécu quelques étranges aventures (chez les humains).

Ne peut-on voir en cela une jolie façon d'honorer la mémoire de ceux que l'on aime pour le bien qu'ils nous ont fait, de le leur rendre par-delà le mal, à travers la qualité de ce que l'on produit ? Les enfants ne s'y trompent pas... lorsque la mère disparaît, ils essuient une larme, puis s'empressent de suivre le vaillant orphelin dans le passionnant périple que représente son apprentissage.

Représentation mythique

Initiatiques mais cruels sont les drames de la déchirure que portent à notre réflexion les mythes qui plus souvent que dans le bonheur s'achèvent dans les larmes et le sang. Les contes parlent de nous et tendent vers l'avenir, les mythes nous parlent de nos ancêtres. L'un et l'autre en résonance avec l'éternité, traversant les époques, symbolisent ce qui en chacun dans sa singularité a trait à l'universel.

Leurs héros résistent au temps, même si d'un auteur ou d'un siècle à l'autre, la version de leur drame diffère. Et les passions immuables qui les agitent, quand elles se heurtent aux lois essentielles, pour les transgresser, engendrent à toute époque souffrance et culpabilité.

Tandis que les contes relatent nos erreurs, soulignent nos difficultés quotidiennes, nous rappellent à nos devoirs et au bien-fondé des règles en regard de la morale, les mythes dénoncent la gravité des fautes et des actes manqués, la folie des passions, le drame des tourments. Les premiers chantent l'espoir en faisant miroiter bonheur et sérénité, les seconds soulignent l'irréversibilité des actes et du temps pour qui ne sait échapper à la marque de sa destinée, ni se dé(sen)tacher du passé.

Expression d'une vérité intemporelle du sujet, de sa lignée et des interactions entre les divers membres qui la composent, ils mettent en scène à travers leurs héros des questions que nous portons en nous, sur les souffrances, la mort, les passions, la liberté... le sens de nos actes, le mystère des origines (de la vie, de la douleur...). Exerçant une emprise aliénante sur qui calquerait sans réfléchir sa conduite sur celle de leurs protagonistes ou recevrait la tragédie de certains destins comme une condamnation à laquelle nul ne saurait échapper, les drames de l'humanité qu'ils portent à notre connaissance sont source d'inspiration pour prendre en main sa destinée vers une utilisation de la liberté plus intelligente. La trajectoire de certains héros nous raconte leur drame lié à l'abandon.

Moïse, Abraham, Œdipe, Médée, Phèdre furent livrés chacun aux affres d'une inéluctable séparation.

Moïse, l'enfant sauvé

Au XIVe siècle avant J.-C., un nouveau pharaon, Ramsès II, voyant en la multiplication des enfants d'Israël une menace, décide avec ses ministres de mettre un frein à la prolifération de ce peuple et à son influence. Des corvées furent imposées aux Hébreux, mais plus ils étaient opprimés, plus ils se multipliaient, et leurs enfants furent pris en aversion. Pharaon ordonna que tout mâle qui naîtrait soit jeté dans le Nil.

Moïse était un si beau nourrisson que sa mère prit le risque de le cacher. Au bout de trois mois, ne pouvant plus le dissimuler, contrainte de l'abandonner, elle le déposa dans une corbeille de papyrus au bord du Nil. La fille de Pharaon l'aperçut, prit le bébé en pitié et chargea sa servante de le recueillir. La sœur de Moïse qui veillait sur son frère s'approcha pour proposer une nourrice. La fille de Pharaon, ignorant qu'il s'agissait de la mère de Moïse, accepta cette nourrice, et l'enfant put être nourri au lait maternel !

Sauvé par la fille de celui qui l'avait condamné, une fois sevré, Moïse est élevé en prince. Plus tard, ému par la souffrance imposée aux Hébreux, il les exhortera à sortir de l'esclavage. La compassion dont il bénéficia après avoir été abandonné l'incita à s'intéresser au sort injuste que subissait d'autres condamnés et à intervenir en leur faveur. Avoir été sauvé une première fois, entouré d'attention et d'amour maternel, l'encouragea, devenu adulte, à se sauver lui-même une nouvelle fois et à prendre la fuite pour s'établir au pays de Madian, quand Pharaon, informé qu'il avait tué un Égyptien pour défendre un Hébreu, le condamna à mort.

Moïse sut échapper à la fureur de Pharaon et aider le peuple hébreu à s'évader. Si sa mère a enfreint des ordres (tyranniques), ce n'est pas à l'encontre de la loi, mais pour mieux donner vie et remplir son rôle de bienfaitrice. Non-dit positif et chaleureux, qui offre à la conduite de qui en bénéficie un équilibre utile pour se détacher de son enfance sans en souffrir indûment et résister, loin des siens, à l'adversité pour participer à l'écriture de sa destinée. Ni crainte de manquer, ni regard en arrière. On voit qu'une séparation bien menée, salutaire une fois reçus dans des conditions aussi justes que possible les soins indispensables, autorise une saine liberté. L'amour invitant à l'altruisme sans laisser aucune place à l'amertume, une expérience encourageante, même dans des conditions historiques et matérielles douloureuses, est source de richesse personnelle et ne demande qu'à être transmise et partagée. On comprend mieux pourquoi Moïse fut le premier législateur, apte à condamner celui qui agit mal en regard de la loi, mais capable aussi de pardonner.

Œdipe, l'enfance blessée

C'est sa naissance qui, comme Moïse, exposa Œdipe à la mort.

Le père d'Œdipe, Laïos, roi de Thèbes, avait été averti par un oracle qu'il serait tué par son fils. Quand donc son épouse Jocaste lui donna un fils, il le fit immédiatement abandonner, les pieds liés afin qu'il ne puisse pas échapper aux bêtes sauvages. Le nourrisson fut toutefois sauvé par des bergers, et le roi de Corinthe l'éleva comme son propre fils. L'oracle de Delphes lui ayant prédit qu'il tuerait son père et épouserait sa mère, Œdipe chercha à échapper à son destin, pour épargner ses parents. Sur le chemin de l'exil, il se querelle avec un inconnu – Laïos – qu'il tue avec son bâton. Il est accueilli en héros à Thèbes, car il a résolu l'une des énigmes du Sphinx qui faisait régner la terreur sur la ville. Appelé à monter sur le trône, il recevra en mariage Jocaste, la veuve de Laïos, sa propre mère…

Le destin semble inexorable. Œdipe, lorsqu'il apprend la vérité, ne supporte pas de la regarder en face. Il se crève les yeux tandis que Jocaste se suicide, abandonnant à leur sort et Œdipe et les quatre enfants qu'elle eut avec lui, son fils.

Fruit d'une double transgression, maintenu dans l'ignorance de ses origines, conçu un soir d'ivresse, les dieux ayant interdit à Laïos la paternité pour avoir fauté avec un jeune mineur, Œdipe n'aurait pas dû voir le jour.

En quête de vérité, né d'une faute dissimulée, enfouie sous un régime princier, Œdipe ne put la découvrir. Son père ayant transgressé la loi, n'a-t-il pas d'abord payé de sa personne, en étant maintenu dans l'ignorance, donc privé des moyens de contrecarrer la cruauté d'un destin auquel son cœur l'invitait à échapper ? N'est-il plus cruel départ dans la vie, plus cruelle séparation que d'être condamné par un père à être dévoré par les bêtes sauvages, privé dès la naissance de mouvement ? Marqué dans ses chairs, entravé dans son acquisition de la liberté, comment conduire sa vie ? Comme la vulnérabilité de l'âme d'Achille était symbolisée par son talon, celle d'Œdipe réside dans cette diminution physique, signe d'une maltraitance paternelle, qui dès le départ compromet l'ancrage à la terre et la faculté de se mouvoir.

Folie, cruauté, insouciance de son géniteur lui furent fatales autant que l'ignorance dans laquelle il fut maintenu. Plus que dans l'acte d'abandon, c'est dans la maltraitance qui l'accompagne qu'un sentiment de malheur pourrait s'inscrire. Plus que dans l'événement, l'abandon prendrait son sens dans le sentiment qu'il diffuse et imprime, dans l'inconscient, à celui qui s'en ressent l'objet car, non informé de son histoire, il en est tenu à l'écart.

L'intensité, la portée dramatique, la gravité symbolique de l'acte, relatives à sa férocité apparente, seraient déterminées par le contexte historique, familial, générationnel et émotionnel, le sens de l'histoire que dits et non-dits transmettent au sujet, et par les réponses singulières données aux questions qu'il est amené à se poser autant que par son éducation.

Cacher, ruser, transgresser, tricher, tromper le destin, de peur d'être découvert, et non pour sauver une vie injustement ou arbitrairement condamnée, compromettrait l'équilibre de sa descendance, et sa faculté à se détacher pour aller vers sa propre destinée.

Médée, monstre ou victime ?

Figure mythique de la femme trahie et abandonnée, Médée, fille du roi Aiétès, incarne par excellence la dépendance amoureuse en ce qu'elle peut avoir de criminel et de redoutable.

Magicienne, ensorceleuse, porteuse de puissance divine et démoniaque, Médée s'éprend de Jason et, trompant son père qui garde le trésor, use de ses pouvoirs, au profit de son amant, afin que, devenu invincible, il s'empare de la Toison d'or.

Pour la remercier, Jason lui accorde le titre d'épouse, et ils s'enfuient ensemble. En chemin, Médée, par amour, tue son frère et se livre à toutes sortes de crimes. Le couple se réfugie à Corinthe, où Médée donne deux fils à Jason qui, parjure pour préserver ses intérêts, la répudie et se fiance à la fille du roi de Corinthe.

Déchue, bafouée, elle se venge en faisant brûler le corps de sa malheureuse rivale et, dans le désespoir, elle égorge ses propres enfants avant de s'enfuir sur un char tiré par des dragons ailés, offert par son grand-père le Soleil.

Trahir son père, tuer son frère, accepter fuite et exil, déchaîner, pour séduire l'objet de ses désirs, les prestiges d'une atroce magie... Souffrance et désespérance, tristesse et épuisement d'une femme brisée et abusée, mais aussi folie meurtrière d'un être qui, rompant dans la tromperie et le sang avec son passé, ne peut plus nouer dans le présent aucun lien générateur de vie.

Magicienne qui n'admet pas que l'on résiste à son pouvoir, aveuglée par la passion, elle sacrifie ses enfants qu'elle caressait tendrement un instant plus tôt ! Médée est certes une femme monstrueuse, incapable de se différencier de ses enfants, de leur accorder le droit à une vie indépendante de la sienne, mais l'homme auquel elle se dévoue est-il plus louable, lui qui la laisse commettre à son avantage des actes contre nature et se débarrasse d'elle sans égard ? Abandon (à qui semble aimer) et indifférenciation (qui tend à confondre ses intérêts avec ceux de l'autre, faute de supporter la séparation) conduiraient au pire. Assujettie, trahie, pathétique, une femme peut-elle devenir mère, ou le rester ? Entre désarroi et cruauté... Sous l'horreur de ses actes transparaît la jeune fille assujettie à la coupe paternelle et déjà offensée par une certaine brutalité masculine.

Le grandiose désespoir de Médée qui fascine le spectateur devrait agir comme une mise en garde et l'aider à mettre un peu d'ordre quand la passion l'envahit. Six fois meurtrière, deux fois infanticide, étrangère à ses crimes une fois la passion retombée, elle confirme la nécessité de construire son identité hors des chemins de la dépendance et d'apprendre à maîtriser ses pulsions pour mieux en résoudre les contradictions et ainsi parfaire son émancipation.

La passion, heureusement, n'aboutit pas toujours au crime. Si elle livre celui qui est sous son emprise à qui ne le tient en estime, elle arme bien mal le premier, l'aveugle ou... le désarme, lui fait perdre de vue ses intérêts au moment où il croit les défendre. Avec une violence qui semble légitime, mais n'en devient pas moins criminelle, les tourments de Médée ne lui laissent aucun répit, et ses pouvoirs ne sont guère ses alliés, quand ils la poussent à posséder ou quand elle ne parvient pas à se maîtriser.

Que sont ses crimes devant la tragédie qui abîme Médée ? Pensait-elle sauver ses enfants de sa déchéance et de l'indifférence paternelle en leur ôtant la vie ? Les a-t-elle tués pour se punir ou pour punir leur père ? Ou encore Aiétès, son propre père ?

Si c'est dans le sang qu'elle détruit ses liens familiaux, ceux qu'elle est conduite à nouer sont aussi destructeurs, comme pour exprimer à quel point des talents fabuleux mal employés sont désastreux. Pourquoi un tel gâchis ? Au-delà des dons dont bénéficie Médée, ce désastre laisse planer un doute sur les raisons qui l'ont motivé et sur la façon dont l'enfance de son auteur s'est déroulée

Évoquer le drame qu'elle incarne, c'est aborder la difficulté de s'arracher à sa famille d'origine et de s'éloigner de qui ne nous désire plus, c'est aussi évoquer les affres dans lesquelles plonge la dépendance à une image d'un moi tout puissant par impossibilité à renoncer à (l'idée de) cette toute-puissance. Toutes choses dont la transcription ici nous guiderait pour aider à mieux comprendre certains mécanismes dont nous sommes tous, plus ou moins, les victimes inconscientes et consentantes lorsqu'il s'agit de plaire et de chercher à plaire à tout prix, sans renoncer au plaisir ni au pouvoir magique que nous confèrent les charmes de l'enfance. On peut d'ailleurs abuser de ses charmes à ses propres dépens, au contact de personnes peu scrupuleuses qui font passer pour de l'amour l'intérêt qu'elles tirent de nos talents…

Le regard porté sur ce mythe pour servir nos propos est bien sûr loin d'être unique. En effet, la richesse de l'histoire de Médée est telle qu'elle éclairerait bien d'autres aspects de la complexité humaine.

On peut espérer que Médée, emportée sur un char ailé, ne s'est pas enfuie vers le seul drame mais bien vers la lumière...

Son malheur, son désespoir ne suffisent ni à la justifier ni à la sanctifier, ni à lui retirer la responsabilité des actes odieux auxquels elle s'est livrée. Solitude et souffrance, idolâtrie et fureur... sont les pièges qu'il nous faut apprendre à éviter.

Peut-être Médée n'aurait-elle jamais dû chercher à s'emparer de la Toison d'or... ni pour elle ni pour personne. Peut-être a-t-elle péché par volonté de puissance plutôt que d'accepter ses limites et se détourner d'un amour voué à l'échec dès le départ... puisque le trésor symbolise l'idéal lointain vers lequel on tend et qu'à travers maintes épreuves on cherche à atteindre, sans jamais pouvoir ni devoir l'acquérir...

Phèdre, la femme délaissée

Désespérément amoureuse d'Hippolyte – fils d'un premier mariage de Thésée, son époux porté disparu en mer –, Phèdre, fuyant la lumière, s'en remet à Œnone, sa nourrice, en lui avouant son amour coupable. Jalouse de l'amour qu'Hippolyte porte à Aricie, princesse de sang royal d'Athènes, sa fureur l'emporte dans un processus infernal : lorsqu'elle apprend que Thésée est en vie, Phèdre se donne la mort, en laissant une lettre qui accuse Hippolyte d'avoir voulu la séduire !

Hippolyte meurt, banni par son père, qui finit par découvrir, accablé, le mensonge de Phèdre et donc l'innocence de son fils.

À la douceur de l'amour partagé d'Hippolyte et Aricie, s'oppose la violence des tourments de celle qui n'a su dompter son illégitime passion. À l'harmonie de leur entente, les ravages de la maladie de l'âme dont Phèdre est la victime avant que de fomenter sa vengeance. Son destin semble ne pas lui appartenir. Aliénante, sa passion telle une affection se transforme en énergie destructrice.

Assoiffée de pureté, mais consumée par un amour interdit, Phèdre fuit la lumière. Dévastatrice, la conscience qu'elle a de sa culpabilité la prive de liberté. Livrée à elle-même, délaissée par son époux, parti au loin comme Laïos, n'est-ce pas, en réalité, de l'absence du père dont elle souffre ?

Accoucheuse de sa douleur, Œnone, en suscitant son aveu, l'invite à s'en libérer par la parole et à mourir délivrée du mal qu'elle a subi et fait subir. Complaisante toutefois, son soutien manipulateur met en marche une machine tragique. En effet, si pas un instant elle n'abandonne sa maîtresse, plutôt que de l'aider à se délivrer de ce qui la fait souffrir, elle l'encourage à mentir, falsifie la réalité et l'entraîne dans un inexorable stratagème.

Sans doute avons-nous besoin d'une servante ou d'une nourrice qui nous allège en mettant un terme à nos conduites d'enfermement ou nous aide à sortir d'un stérile mutisme avant que la honte ne nous mine, quelqu'un qui nous permette d'accoucher du mal qui nous ronge, pour en finir avec lui et cesser de le couver dans la solitude… à condition, cependant, que cette personne nous incite à y voir plus clair.

Antigone, du cœur prisonnière

Antigone : Je suis née pour partager l'amour et non la haine.
Créon : Va donc partager l'amour parmi les morts.
Antigone, Sophocle.

Sublime dépendance et irrésistible obstination d'Antigone, héroïne grecque, fille d'Œdipe et de Jocaste, qui ne put consentir à abandonner ni son père ni son frère dans la mort, comme si à travers le destin tragique de l'un ou de l'autre, le sien se jouait et que, privée de père ou de frère, elle ne pouvait accéder à sa féminité.

Quand Œdipe, devenu aveugle, chassé de Thèbes par ses fils, doit mendier sa nourriture sur les routes, Antigone l'accompagne, le guidant, le soutenant, jusqu'à Colonne où, veillant sur lui, elle l'assiste en ses derniers moments.

Il meurt réconforté, car Ismène, la sœur d'Antigone, est venue leur apprendre que Thésée l'a purifié de son crime. Les deux sœurs regagnent Thèbes, où leurs frères Étéocle et Polynice s'entretuent pour le trône.

Créon, frère de Jocaste, ayant pris le pouvoir, proclame pour plaire aux citoyens que le frère qui a combattu contre la cité ne recevrait pas de sépulture et que transgresser cet édit conduirait à la mort. Des funérailles solennelles sont organisées pour Polynice, qui a droit aux honneurs rituels réservés aux plus nobles, tandis que les restes d'Étéocle, rendu coupable d'avoir porté les armes contre sa patrie, sont livrés aux oiseaux de proie.

Une nuit, Antigone, pour qui le devoir d'ensevelir les morts est sacré, enfreint l'ordre de son oncle en versant sur le corps d'Étéocle quelques poignées de terre en guise de sépulture. Créon la fait alors enterrer vive dans le tombeau des Labdacides où, plutôt que de mourir de faim, elle choisit de se pendre. Hémon, son fiancé, fils de Créon, se suicide de désespoir ainsi que sa mère Eurydice qui ne peut supporter la mort de son fils adoré.

Rebelle, indomptable, animée d'une générosité paradoxale, liant son sort à celui d'un frère, Antigone renonce à son amant. Et gardienne de la famille, contre la raison d'État, se prive de descendance ! Sacrifiant son individualité au nom de l'absolu, pour elle, mieux vaut obéir aux dieux qui offrent à tout humain une sépulture digne qu'à l'arbitraire des hommes, selon lesquels certains devraient en être privés.

Quand ses frères soumis à la malédiction jetée sur leur lignée à travers leur grand-père s'entretuent aveuglément, éprise de justice, Antigone entend une autre voix où la piété rejoint le divin. Se juge-t-elle responsable de fautes commises par les siens ou est-elle persuadée qu'aucune culpabilité ne résiste une fois le crime expié ? Amour fraternel et dévotion filiale, dépendance sans concession, que cherche-t-elle à réparer ? En quoi les souffrances de son père et de son frère se mêlent-t-elles à la sienne, au point d'unir sa voix à la leur en se donnant la mort ? Comme s'il fallait que leur souffrance ne reste vaine ni le combat mené pour les défendre lettre morte. D'un côté, l'amour d'une sœur, l'impératif divin, la jeunesse, le dévouement poussé au sacrifice ; de l'autre, la volonté d'un souverain, la voix de l'État, la morale citoyenne, la rigidité, l'étroitesse du cœur, l'aveuglement de l'âge. D'un côté, l'affirmation de soi au nom de la protection des droits du citoyen ; de l'autre, l'affirmation de soi au nom de l'autre, indépendamment du lieu, du temps et de l'appartenance – histoires de dépendance…

Antigone a accompagné père et frère de son amour, mais le pardon des dieux qu'elle obtint avec sa sœur pour leur père, elle ne put l'obtenir des vivants pour un frère. Quand elle l'implore à tout prix, Créon exige la punition à n'importe quel prix. Quand elle demande la considération pour un frère, Créon la refuse, au nom de la loi, pour le fils de sa sœur. Condamnant Antigone après Polynice, il se condamne en même temps que son épouse Eurydice et son fils Hémon qu'il sacrifie en condamnant sa fiancée Antigone.

Pour l'une, la famille se place au-dessus de tout, pour l'autre, elle ne bénéficie d'aucun privilège.

Rigide, Créon est aussi impitoyable que l'est Antigone envers elle-même. Sa vie n'ayant de prix en regard de celle de son frère, renonçant à son amour, Antigone conduit à la mort son amant. L'un n'a pitié ni du fils de sa sœur ni de son propre fils, l'autre, au nom de la famille, se condamne à n'avoir aucune descendance. Tandis qu'Ismène, sa sœur, s'est effacée de l'histoire, la tragédie vécue par Antigone continue d'interroger nos consciences.

Son acte symbolise le drame de la dépendance, entre amour et pouvoir, d'une constellation familiale, dont la complexité des liens – dans leurs interactions – serait un reflet de la complexité de nos attachements amoureux et politiques. Son approche analytique contemporaine propose, sur la route de l'équilibre, quelques clefs pour frayer une voie, entre étroitesse d'esprit et courage démesuré, et pour échapper à la soumission aveugle comme aux pièges de la rébellion.

Abraham, la force du sacrifice

C'est en tant que père qu'Abraham fut lui aussi confronté à l'abandon.

> Promis à une nombreuse descendance, appelé à quitter sa patrie providentielle, pour s'établir en un pays inconnu, dont la direction lui serait progressivement indiquée, il reçut la cruelle demande de sacrifier son fils unique et bien-aimé. Un ange l'interrompit en son geste une fois qu'il y eut consenti. En sacrifiant son enfant, Abraham se sacrifiait lui-même en tant que père.

À travers l'image du sacrifice demandé, en contradiction apparente avec la promesse, se lit une invitation à la force morale de se séparer de ses enfants, aussi attachants soient-ils. Une leçon d'humilité et une reconnaissance de paternité. Une fois l'autonomie acquise, l'enfant peut à son tour devenir héritier (de la promesse) et engendrer sa descendance.

La demande d'offrir Isaac, fils unique « bien-aimé », met à l'épreuve les capacités d'un père. La crainte (de Dieu) manifeste sa propension à respecter la loi commune (à travers la volonté divine), et l'intervention de l'ange (qui interrompt le geste inique) recommande, une fois la loi intégrée, de ne pas s'y abandonner corps et âme, jusqu'à renier sa paternité, mais de garder son libre arbitre.

En respectant la loi, au contraire de Laïos, Abraham autorise un avenir à sa descendance. On ne peut concevoir (la vie) dans l'indifférence ni dans la pure jouissance... La mise à l'épreuve par l'intermédiaire d'une certaine cruauté[1] est inévitable en termes de filiation. Ce n'est toutefois pas une raison de l'abandonner et de s'abandonner à la cruauté.

L'imaginaire au secours du réel

Une plainte pour se faire entendre et ne pas se laisser étouffer use d'artifices et de détours. La crainte de revivre quelque chose de douloureux peut être si forte qu'elle commande à la réalité jusqu'à s'y substituer. La crainte de déplaire pourra rendre déplaisant. La crainte d'être rejeté ou livré à soi-même nous faire vivre des situations qui sembleront ou seront au-dessus de nos forces. Ou bien, par excès de prévention, à en fuir d'autres qui solliciteraient nos forces, comme pour prouver qu'elles nous ont déjà abandonné.

1. Le grec *creas,* apparenté à « cru » en français, signifie « chair saignante ». Le latin *cruor,* « sang répandu », a donné *crudelis,* « qui se plaît dans le sang », d'où notre « cruel », l'acte de différencier la chair de sa chair ne pouvant se concevoir sans une certaine cruauté, un déchirement sanguinaire, symbolisé par l'épée du sacrifice.

La crainte sourde de la séparation conduit à s'inventer des histoires qui, aidant à tenir debout, surgissent tels des scénarios auxquels on se réconforte pour recevoir une meilleure image de soi. Conduites d'esquives qui ne correspondent parfois à rien de tangible, ces histoires donnent de l'importance et de la force aussi longtemps qu'elles permettent d'acquérir vis-à-vis des autres un peu de poids. Il en va ainsi de petits mensonges transitoires qui facilitent par anticipation (et opiniâtreté !) l'accès au but fixé. « Oui j'ai arrêté de fumer » affirme ce fumeur que la toux trahit, mais qui s'oblige à s'abstenir aussi longtemps qu'il est en compagnie de ceux à qui il affirme cette contrevérité. Jusqu'à parvenir, par sevrage progressif, à le croire lui-même au point de s'arrêter !

Processus d'affabulation de celui qui se sent désespérément seul, le recours à la fiction peut être aussi un appel au secours visant à attirer et garder (à tout prix) l'attention et maintenir le contact avec une réalité dont on redoute d'être exclu.

On s'identifie à sa mère, à son père, à une sœur, à l'autre, à un être romanesque, on se prétend victime ou sauveur, se persuade que notre présence est sollicitée, notre bien convoité et on tente d'entraîner en son périple l'entourage dont on devient, tel un nourrisson, le centre merveilleux.

Un malheur étouffé enfle jusqu'au cri pour crever le silence. Il s'impose aux autres, là où nul ne l'attendait et entraîne à l'encontre de ce qui pourrait nous en émanciper.

« Impression de ne pas être aimée, de ne plus être regardée, de ne plus être entendue, impression de questions restées sans réponses », telles sont les motivations avouées par la « victime » d'une agression[1] fictive dont la presse durant l'été 2004 se fit l'écho et dont nul ne s'assura de la véracité avant d'en dénoncer l'horreur. Mettant au-delà de toute espé-

1. L'agression d'une jeune mère dans le RER par des jeunes dont la description laissait entendre qu'ils étaient musulmans et antisémites.

rance en alerte ministères, média, commissariat, l'auteur réussit à attirer l'attention sur son malheur (innommé). Et reconnaîtra avoir inventé une histoire bouleversante pour… bouleverser.

Tout geste humain a un fond de légitimité qu'aspire à révéler l'inconscient en ébranlant le réel. Son inconscient, travaillant pour elle, a travaillé pour tous. L'authenticité et l'intensité de la souffrance révélée derrière la fiction suffirent à travers une « pièce montée » à raccorder tous les sentiments d'abandon et de détresse du public et de certains représentants de l'État, chacun y retrouvant une bribe de son inconsciente vérité. Un scandale fictif symbolisant une souffrance réelle, la révélation du subterfuge de la présumée victime d'une agression (imaginaire) mit en lumière un incontestable malheur.

Le fruit de son imagination symbolisant la réalité (sentimentale) d'un vécu, son désarroi put être entendu par des milliers car des milliers avaient besoin d'être entendus. Le public (crédule) donnant à entendre à travers la crédibilité accordée à la souffrance de l'autre sa propre souffrance.

Quand les forces nous lâchent, on aime se projeter dans des situations redoutées et mettre ses forces en pratique dans des actes que l'on croit réservés à d'autres : défendre des causes, représenter des idéaux, prendre des risques ou partir à la conquête de sommets inaccessibles. Pourquoi pas, séduire, par des exploits improbables, une star du septième art dont le visage nous contemple depuis les murs de la ville, si sa compagnie imaginaire permet de pénétrer en réalité dans des lieux dont les portes jusque-là closes soudain s'ouvrent à nous dans la révérence.

« Parfois, à peine ma bougie éteinte, mes yeux se fermaient si vite que je n'avais pas le temps de me dire : « Je m'endors. » Et, une demi-heure après, la pensée qu'il était temps de chercher le sommeil m'éveillait ; je voulais poser le volume que je croyais avoir encore dans les mains et souffler ma lumière ; (...) il me semblait que j'étais moi-même ce dont parlait l'ouvrage : une église, un quatuor, la rivalité de François Ier et de Charles Quint. »[1]

Comme Proust, l'abandonné ressent souvent ce dédoublement mais de façon négative ; se rêvant autre que ce qu'il a été il se cherche partout. Sans jamais se trouver si ce n'est quelque part souffrant du manque, du manque d'avoir été aimé, qu'il met en scène sans en avoir conscience, tout en se confondant avec ce que lui dicte son sentiment.

Le sentiment d'avoir été abandonné ou trahi ne signifie pas que nous l'ayons été. Il ne l'exclut pas cependant. Relié à un acte réel ou non, vécu comme tel, non reconnu, non dépassé, non sublimé, il nous tire en arrière, conjugue le présent au passé, anéantit le futur et nous immobilise quand nous croyons vouloir avancer.

Fragilités et protections

C'est dans l'urgence que l'on s'invente une vérité de survie et le menteur de mauvaise foi a sa part de bonne foi. L'affabulation personnelle, comme la plainte, est porteuse d'une vérité sous-(en)tendue qu'il s'agit de découvrir quand, induite par un sentiment d'abandon, elle menace l'équilibre.

Une fleur piétinée par mégarde et l'on craint de se faire semoncer par le jardinier. Un acte de légèreté et l'on perd une illusoire pureté. Que ce soit pour entretenir une image chimérique de perfection qu'il lui semble que l'on attende de lui, ou parce qu'il craint d'être puni pour une faute qu'il n'a pas commise, lorsqu'il se sent perdu l'affabulateur est tenté de

1. Marcel Proust, *À la recherche du temps perdu, Du côté de chez Swann*, Gallimard, Folio classique, 1989

déguiser la réalité et d'en falsifier les effets. Sa fuite relève plus de la résistance que de la défiance. Quand un sentiment de fragilité (crainte d'être rejeté) donne l'impression que le lien à la vie est menacé, le mensonge est le début d'une nouvelle réalité à laquelle on finit par croire à force d'y faire croire.

Crainte de dire non, de décevoir, de faire mal ou mal faire résultent ainsi de celle d'être abandonné et du désir d'être mieux soutenu face à l'exigence implicite lue dans le regard du père ou de la mère. Beaucoup d'enfants cèdent au mensonge pour entretenir l'illusion de vérité, de beauté, d'éternité, car l'illusion rassure leurs parents dont l'inquiétude leur fait perdre pied.

Façon cruelle de ne pas décevoir le parent qui se nourrit à travers eux d'un idéal de perfection sans lui donner corps dans la réalité, certains enfants n'en pouvant plus de décevoir répondent à cette attente en se donnant la mort.

On reste tributaire de ce à quoi l'on souhaite échapper aussi longtemps que l'on n'entreprend pas une démarche consciente et sans complaisance de s'en dégager. Le ressenti malheureux incite à des gestes de colère, de négligence, d'impuissance, que nous n'apprécions guère lorsqu'ils sont accomplis par autre que nous, et que nous réprouvons au moment où nous les accomplissons. Qui ne s'est reproché un jour de fumer, d'avoir menti ou révélé ce qu'on lui avait demandé de maintenir secret ? D'avoir triché avec soi-même pour s'accorder quelque indulgence, d'avoir cédé à une demande insistante ou à un verre d'alcool supplémentaire ?

La dissidence héroïque d'Antigone qui met tout en œuvre pour se démarquer de ce qu'elle réprouve est exemplaire. Son opposition n'est pas impulsive mais a valeur de prière pour faire entendre « plus d'humanité ». L'exigence d'une sépulture pour son frère exprime sa volonté, par-delà l'histoire de son cas personnel, que soit accordée à l'humanité le droit à la dignité malgré ses manques et ses insuffisances.

Là où la négation de la séparation parents et enfants avait engendré fusion, confusion et inceste, Antigone aspire à ce que des limites soient spécifiées entre la vie et la mort. Implorant la clémence du roi, elle invite à ce que les enfants ne soient pas rendus *a priori* coupables d'être ce qu'ils sont, pour leur permettre d'assumer leur destin. Le sacrifice de Polynice répondant à une vision du monde qui serait celle de la division entre les bons et les méchants, elle propose une vision qui serait celle de la nécessité d'une « démarcation » sur terre entre vie et mort, qui symboliserait celle qui existe entre parents et enfant. Antigone choisit la mort pour elle non par renoncement mais pour s'opposer au principe d'une victime expiatoire, signifier de ne pas condamner une seconde fois celui que la mort a déjà frappé, de ne pas faire payer toujours plus, ni abandonner, celui qui a déjà payé. Offrir une sépulture digne au mort, c'est éviter que ses fantômes ne planent comme une perpétuelle menace qui entretient toutes ces peurs qui maintiennent dans l'indigence et la dépendance. Et inviter l'humain à ne pas se juger supérieur à l'humain mais à conjuguer les fautes au plus-que-parfait.

Chapitre 3

Mécanismes de survie

Dépendances et adaptation

L'humain est mû par un sentiment d'appartenance que traduit le tissage de liens familiaux et sociaux. Une communication permanente, sans cesse alimentée, avec ses semblables et le milieu ambiant, entretient son organisme, renouvelle l'énergie, en assure la bonne circulation et en régule les interférences.

Nous dépendons, par nature ou par essence, de l'amour, de la soif, de la faim, de la reconnaissance qui nous est portée. La dépendance étant une donnée, elle ne peut être considérée comme anormale. Boire, manger, dormir, respirer, figurent parmi les expressions « symptomatiques » d'une saine dépendance, inhérente à l'humaine condition et, au-delà, à toute manifestation vivante. Pourtant ces actes sont les expressions d'une vulnérabilité essentielle : la vie ne se suffisant pas à elle-même, de cette dépendance initiale découle la difficulté à se séparer de ce qui, l'entretenant, la maintient.

Séparation, adaptation, environnement sont indispensables à la vie. Le malaise induit par une séparation (qui se dit déplaisante) fait écho à l'arrachement premier, naturel et vital que sont l'accouchement et la naissance. Les bouleversements intimes, personnels, sociaux, qui accompagnent ces événements, consacrent les troubles inhérents à une constante nécessité de s'adapter au renouvellement incessant de l'environnement.

Cette adaptation exige qu'à l'ancien se substitue le moderne. Elle ne va pas sans difficulté. Elle nécessite que l'on se sépare de ce à quoi l'on était attaché.

Il nous arrive à tous de subir certaines dépendances affectives que nous avions pourtant choisies. Le poids de l'ennui l'emporte sur celui de l'envie. Lorsque l'horizon s'obscurcit, la tentation est grande d'avoir recours à quelques artifices, plus ou moins toxiques, pour supporter… l'insupportable. Quand la vie se dit soudain difficile, cigarettes, sédatifs, alcool, grignotage, oracle fatidique ou complaisante voyance se proposent d'endolorir nos sens, alors qu'il faudrait prendre davantage conscience de nos dépendances, les comprendre, que les subir, que continuer à se laisser enfermer dans le système clos selon lequel elles fonctionnent lorsqu'elles sont mal assumées.

La dépendance est nuisible lorsqu'elle maintient en état de manque et d'insatisfaction, d'immobilité et d'aliénation. Le plaisir qu'elle dispense comme celui qu'elle autorise, tels ceux liés au sommeil ou celui qui accompagne la dégustation de certains mets, se raréfie jusqu'à communiquer un sentiment de frustration perpétuelle ou une sensation d'absence, de perte d'énergie, d'amour, de santé, quelle que soit la quantité de ce que l'on reçoit.

Accroché à l'alcool, à la cigarette ou à un amoureux, à une mère dévorante ou une image de soi erronée, on ne parvient plus à goûter ce que l'amour, la cigarette ou le cru raffiné sont susceptibles de communiquer à nos sens pour en assurer la vitalité. Ils font sombrer l'humeur en substituant à la promesse de liberté le pire de la dépendance. Pas plus qu'un animal, nous n'apprécions être caressé à rebrousse-poil !

Marie est une excellente élève, complimentée et citée en exemple par ses professeurs. Toutefois, elle se sent mise à l'écart par le reste de la classe. Chaque compliment la fait rougir, sa timidité lui vaut des moqueries et sa réussite scolaire provoque une jalousie agressive de la part de ses camarades de classe (vol de copies ou de matériel).

Elle a 14 ans et s'est mise depuis peu à fumer et à faire preuve d'insolence vis-à-vis des adultes traduisant ainsi un désir de s'adapter au comportement majoritaire. Malheureusement, elle perd l'estime de ses professeurs sans gagner pour autant celle des autres élèves. Ses parents, mis au courant, se disputent à son sujet ; sa mère l'accable de reproches. Marie, se sentant perdue, commence une progressive grève du travail.

Il s'agira pour Marie d'apprendre à ne plus dépendre du regard de l'autre (mère, professeurs, camarades, voisins) pour acquérir son autonomie, à ne pas renoncer à ses qualités intellectuelles, notamment, et à veiller à ce que ses succès ne la coupent pas, à ses dépens, de ses congénères. Cette difficulté à s'assumer entre en écho avec une séparation maternelle rendue difficile par suite de précoces opérations chirurgicales des voies urinaires qui l'ont maintenue dans une dépendance inadaptée à l'épanouissement social.

Une séparation *mal menée* nous *mal mène* aussi longtemps qu'elle nous maintient dans ce style de dépendance. En quête de l'impossible retour au passé, nous nous privons d'avenir par interdiction de vivre au présent.

Continuer à se dissimuler la vérité d'une absence, qu'elle soit liée à un décès, à un voyage, à une rupture, à l'évolution d'une relation amoureuse, maternelle, familiale, refuser la disparition de l'autre qui alimentait, à travers nos dépendances réciproques, une impression de bonheur, ne pas accepter la réalité de l'effacement (pas toujours progressif) d'une relation jusque-là (en apparence) indispensable, entrave le progrès. Crainte d'oser regarder en face ? Crainte d'être accablé en retour si l'on ose regarder ? L'une et l'autre se superposent. La vérité est pénible à vivre. Son acquisition est pourtant capitale en termes de santé. Aussi difficile soit-elle à dire, elle l'est encore plus à vivre quand on se la cache. Autant apprendre à oser se la dire.

Nécessité fait loi

Le premier abandon auquel on pense, celui qui imprime d'inévitables séquelles chez qui l'a subi ou l'a fait subir, est celui du nourrisson. Crime, acte odieux, misère... chacun projette ses valeurs sur un acte qui l'effraie et qu'il juge selon ses propres émois.

Fruit de l'adultère ou de l'inceste, d'un acte honteux dont on redoute la révélation, la mère lâche sans pitié un être en devenir qui pourtant, dans l'ombre, accaparera toute son attention. Quand nécessité fait loi, on aime ces enfants dont on se sépare comme l'on se méprise de les rejeter et de se priver au nom de la morale sociale des lendemains qu'ils incarnent.

Tandis que l'on s'éloigne de l'enfant, que le monde dénonce l'acte indigne, la culpabilité s'installe. « Comment ai-je pu attendre si longtemps ? J'ai pensé à lui toute ma vie. Quelle affreuse existence cela m'a fait. Je ne me suis pas réveillée une fois, pas une fois, entendez-vous, sans que ma première pensée n'ait été pour lui, pour mon enfant. Comment est-il ? Oh ! Comme je me sens coupable vis-à-vis de lui ! Doit-on craindre le monde en ce cas-là ? J'aurais dû tout quitter et le suivre, l'élever, l'aimer. J'aurais été plus heureuse, certes. Je n'ai pas osé. J'ai été lâche. Comme j'ai souffert ! Oh ! ces pauvres êtres abandonnés, comme ils doivent haïr leur mère ! » Guy de Maupassant, « L'abandonné », paru dans le *Figaro* du 15 août 1884.

Derrière le ressentiment se tapissent toujours épuisement et amour trahi. Quarante ans après avoir abandonné le fruit de son adultère, une femme sanglote... S'apitoyant sur son sort, sa souffrance patente rend maladroite l'expression d'un amour endolori. Dans celui qui est devenu homme, elle ne voit que son enfant perdu.

Une mère abandonnante agit sous une contrainte intériorisée – morale ou physique, énoncée ou tacite, reconnue ou étouffée. Quand en apparence rien de défendable ne l'y conduit, aussi impensable soit son geste, c'est aussi pour l'enfant qu'elle agit. Lui donner une chance d'échapper à la violence de ses tourments en lui épargnant le ressentiment qu'éveille en elle l'inadmissible, le non-autorisé, auquel elle s'est livrée et dont, en secret, elle se fait le cercueil. Loin d'être toujours indigne, cette femme ne souhaite pas la mort de sa progéniture, mais plutôt reconnaît par cet acte son inaptitude. Pour l'enfant, pourtant, l'abandon s'apparente à une volonté de le supprimer (de l'univers étant donné le pouvoir infini que confère aux parents le regard enfantin).

Reflet de l'incompétence parentale, si personne ne le recueille ni ne le console, il devra compter – immature – sur ses seules forces. Adopté, mais par des parents maltraitants, il sera marqué par la tristesse, l'inachevé, l'insatisfaction renouvelée. Effets et méfaits de l'abandon dépendent des conditions plus ou moins cruelles dans lesquelles il se passe et de la qualité du lien tissé avec ceux qui re-cueillent...

L'abandon est subi. Les blessures narcissiques qu'il inflige varient selon des facteurs d'émotivité du sujet, la durée de l'attachement mis ainsi en péril et le degré de réciprocité qui avait existé. Ouvertes ou rouvertes, ces blessures signent une trahison d'autant plus cuisante pour l'amour-propre que l'espoir mis en la relation était intense et porté par une ambition justifiant un investissement narcissique important.

Isabelle, abandonnée à l'âge de 4 ans, a été recueillie par la DASS et placée dans une famille d'accueil où rapidement elle a pris ses aises. Toutefois, elle est bientôt obligée de la quitter pour rejoindre ses frères et sœurs dans une autre famille. Elle perd alors le traitement de faveur dont elle bénéficiait et subit les vexations de la nouvelle nourrice qui la harcèle du fait de sa grande taille et excite sa jalousie en câlinant un bébé.

Isabelle est devenue hargneuse pour dissimuler son immense chagrin. À 25 ans, c'est en comprenant que sa première nourrice n'a pu que la laisser partir, car elle ne pouvait déroger à la loi, qu'elle cessera de nourrir une haine inconsciente à l'égard des femmes et qu'elle apprendra progressivement à s'aimer et a commencer comme elle le dit si bien « à apprivoiser la liberté d'être moi ».

Dévalorisant *a priori* car il symbolise la perte d'une croyance (dans l'amour), ainsi que celle d'une (promesse de) reconnaissance (éternelle), l'abandon renforce une vulnérabilité initiale qui resurgit lors de toute situation de dépendance. On se sent rejeté... Nous dépossédant de nous-même, il ébranle la confiance et invite au malheur qui reste dépendant de l'image de l'autre – et de soi à travers l'autre, négative ou positive, brillante ou ternie – que ce désamour renvoie.

L'abandonneur abandonné

Il est douloureux de découvrir un jour que l'on n'exerce plus d'attrait sur celui à qui on s'était livré, auprès de qui on s'était ressourcé. Quand la rupture se dessine, le cœur devient le siège d'émotions contradictoires. Et alors que la cohabitation s'affirme invivable, il semble impossible de renoncer à ce qui en faisait le ciment. On n'aime pas ne plus se sentir aimé...

On s'accroche au lendemain quand pourtant le quotidien exaspère... On a beau savoir que l'autre nous trompe ou s'éloigne tout doucement, on espère le garder ! On s'accroche à l'image magnifiée de soi reçue peu avant dans ses bras, on s'obstine, on se mure dans le silence ou éclate en furie, on déforme la réalité en la conjuguant à son désir sur le mode de la volonté absolue... Mais un beau jour, au réveil, elle s'impose, hurlante, on ne peut plus fermer les yeux, on craque... On aimerait disparaître, ne pas s'avouer déshonoré... On a besoin de se venger pour ne pas s'accepter désavoué. On n'hésite pas à briser ce qui en s'éloignant rend meuble la terre sous nos pieds. À en bafouer l'évanescente beauté...

Pourquoi ne pas justifier le désamour comme si nous l'avions souhaité ? La fin menaçante nous rend menaçant. Plutôt que d'accepter l'idée de ne plus être l'élu(e) et, pire, d'être remplacé(e), détrôné(e), on salira l'amour quitte à se désavouer... pour ne plus l'aimer et enfin oser s'en débarrasser !

À une séparation impensable qui lui semble cruelle parce qu'elle la vit comme un abandon, même une frêle et jolie princesse peut réagir comme une tigresse... Trahie, blessée dans son amour-propre, la mise en scène d'une stratégie agressive sera le meilleur exutoire à une douleur que par fierté elle s'interdit.

En quête d'absolu, assoiffé de tendresse, d'admiration, ne supportant pas ce qui en la séparation confronte à nos limites et renvoie à nos imperfections, on provoque la rupture... et force (à nos dépens) l'abandon...

Certaines « stars », mues par la crainte de défaillir aux yeux de leur public, choisissent de dénoncer les failles insoupçonnées de leur (star de) conjoint pour justifier une prétendue résolution à les quitter... Et tandis que l'on apprend bientôt qu'elles étaient remplacées depuis belle lurette par celui qu'elles affirmaient vouloir quitter, elles jurent encore, brûlées d'orgueil, avoir la primeur de la décision de séparation !

Est-ce le signe d'une véritable vulnérabilité ? L'amour se nourrit d'attentions... La crainte de se sentir abandonné d'un public assoiffé lui aussi de perfection, tout comme le désir de correspondre à un improbable idéal, confinant à un monde artificiel, accaparent une énergie précieuse lorsqu'il s'agit d'entretenir la réalité d'une relation amoureuse.

Souvent l'abandonneur s'est déjà senti abandonné et fuit, en abandonnant, tout ce qui le rappellerait à ce sentiment premier et serait susceptible de le raviver... Aïe !

Les relations qui se tissent à deux se finissent aussi à deux... Et des deux, comment savoir qui, le premier, abandonne ou est abandonné ! À l'agression l'agressé répond par l'agression... Et tandis qu'il révèle qu'il avait abandonné celle qui dit le quitter, on se demande s'il ne l'a pas abandonnée parce qu'au sein de la relation rêvée il ne se sentait déjà (humain) lui-même abandonné...

Que l'un des deux ne se sente pas reconnu dans le désir de l'autre ou se vive entravé dans la réalisation de son propre désir, partagé entre la crainte de perdre la face et la tentation de fuir une situation qui lui en rappelle de précédentes qu'il juge inacceptables, il se persuade de ne pas avoir les moyens (financiers, affectifs, émotionnels) de trouver un terrain d'entente, et se réfugie dans un ailleurs dont l'autre est (*a priori*) exclu...

Rester en possession de ses forces, les entretenir, bien les utiliser même si le doute invite à régresser. Apprécier son énergie, la maîtriser. Bien manœuvrer pour qu'au ravissement ne succède la catastrophe, par négligence ou excès de confiance. Naïveté ou magnanimité, imprévisibles conséquences d'une crainte insoupçonnée d'être un jour... abandonné !

On préfère quitter qu'être quitté. Donner sa démission plutôt qu'être licencié. En a-t-on le courage ? Le courage de blesser qui l'on trahit, de devenir bourreau en le laissant tomber ? L'idée en fait frémir, mais celle d'être abandonné tout autant. Interrogeant la circonspection, qui souffre d'abandon n'est en rien méprisable. Il n'est qu'à songer à Beethoven, génie immense, considéré par ses contemporains comme le plus grand, le plus puissant de son époque, mais qui mourut dans la misère. Ou à Mozart, jeune prodige célébré par les cours d'Europe, dont le corps fut jeté dans une fosse commune… à 35 ans à peine. Leur talent résonne avec bonheur à nos oreilles, nous console, nous ravit, mais chacun à sa manière finit dans la détresse et l'indifférence de ceux-là mêmes qui les avaient encensés. Réduits à la solitude affective, ruinés, épuisés, leur musique, loin d'inspirer condescendance ou pitié, symbolise un état de grâce que nous aspirons tous à retrouver…

Entre haine et oubli

Une mère qui abandonne un bébé, un enfant qui, sur un coup de tête, déserte le domicile parental, une révolte mal conduite qui débouche sur une condamnation imprévue, une émancipation prématurée qui entraîne vers la misère… parfois, les circonstances matérielles ou historiques contraignent à choisir une séparation aussi vitale que cruelle. Seul à les comprendre, qui s'y résout est intimement convaincu que les dégâts encourus par les uns et les autres seront moindres que s'il renonçait à cette rupture, bien que les bénéfices ultérieurs ne puissent se prouver au présent.

Un enfant, dont l'héritage est trop pesant pour composer avec lui, préférera la rupture pour semer ailleurs des germes de vie, quitte à être accusé d'ingratitude, plutôt que d'alimenter ce qui exacerbe sa souffrance.

Certains choisissent la haine, d'autres l'oubli. Quand l'abandon menace d'entraîner dans la dépression, la haine aide à exclure de l'univers affectif et émotionnel l'objet du dépit (amoureux), de la déception (amicale), ou du désarroi (familial). Elle insensibilise à ce qui lie par l'affection et fournit, en attendant un détachement effectif, de bonnes excuses pour écarter et se convaincre (en toute mauvaise foi !) de son bon droit. Antidote occasionnel au chagrin on peut lui préférer l'oubli volontaire.

Camille, la jeune héroïne d'*Indochine*, film de Régis Wargner, est devenue hermétique à tout ce qui, évoquant l'enfance, raviverait sa douleur. L'a-t-elle choisi ? Y a-t-elle été contrainte pour résister à la violence de la passion maternelle comme à celle de la politique de son pays ?

Princesse annamite orpheline, éprise d'un jeune officier de marine exilé qui l'aime en retour, mais que sa mère adoptive aime en secret, elle part à sa recherche, défiant l'autorité d'une mère affectueuse mais cassante et perturbée.

Entraînée dans une quête éperdue, pour survivre à une séparation dont elle n'avait pas mesuré les conséquences, survivre à l'aimé et à la violence, une fois sauvée, fuyant tout ce qui la rattache au passé plutôt que de risquer le réveil d'impensables souffrances, elle s'engagera dans un combat politique. Pour ne pas céder au pire, elle se sépare du fils qu'elle a eu avec l'aimé et le confie à sa mère. L'ombre fantomatique du drame planant – lorsqu'elle les croise – ne pouvant revenir sur sa décision, fidèle à la nécessité de rayer le passé, elle reste indifférente à l'amour et « abandonne » mère et enfant. La violence insufflée par la dictature d'un régime politique n'est sans doute pas étrangère à un tel radicalisme ni sans influence sur l'avenir de l'enfant.

Marquée par un triple abandon, celui vécu en tant qu'orpheline, celui ressenti en désertant le domicile maternel et celui de son fils, il lui faut subir – comme pour confirmer la traîtrise d'une mère opposée à la vivacité d'un amour juvénile – la disparition de l'élu de son cœur, le père de son enfant.

Abandonner, sans intention criminelle mais de façon (qui semble) indigne, parents ou enfants, avoir subi dans des conditions imparables des traitements (scandaleux), dont la seule évocation révulse le cœur, nécessite une force d'âme – de la part de qui choisit d'y survivre – qui ne peut se régénérer que dans un déni de mémoire. La société – les préoccupations qui l'agitent et la passionnent – semble dérisoire à qui a traversé le pire. S'insensibiliser à l'insupportable autorise un détachement radical sans lequel nul quotidien ne serait envisageable.

Chapitre 4

Poids du vide, présence du manque

La crainte de l'effondrement

« Un pas de plus et tout s'effondre. » La crainte de l'accident, du ratage, de la punition injuste, renvoie à une crainte fondamentale, non consciente, de s'effondrer si l'on s'aventure au-delà du familier rassurant… Crainte de relâcher l'attention, de perdre ses défenses, on a trop besoin de protection… Parfois cet appel à la vigilance incite à la prudence, parfois il relève d'une inhibition plus fondamentale qui nous empêche de progresser[1].

1. Freud renonça, par crainte de se mettre en danger, à sa « neurotica » – véritable approche révolutionnaire de la maladie – pour… régresser en revenant à des croyances plus conformes aux croyances sociales convenues. Le danger n'était-il pas de reculer ? Il semble qu'avec sa seconde théorie ce soit aux « fauteurs » que l'on accorde sa fidélité… faute d'oser le pas qui en détacherait par crainte (fantasmatique et illusoire) de s'effondrer.

« Je suis sûre que j'ai raté mon bac ! Mon contrat ? Ils l'ont rompu... J'ai perdu ma convocation... Ça peut pas marcher... À peine engagé je serai licencié... C'est pas de ma faute... J'ai jamais eu la vocation... »

Quand il s'agit de réussir, il s'agit aussi de grandir... de se séparer de ce que l'on n'est pas tout à fait prêt à quitter. On souhaite avancer et, simultanément, on craint d'être freiné et au dernier instant dans l'impossibilité de passer le cap.

Sensation indescriptible éprouvée par celui ou celle qu'une progression angoisse, « la crainte de l'effondrement, selon D.W. Winnicott, a trait à l'expérience du passé de l'individu et aux caprices de l'environnement ».

Le passé – transparaissant sur le présent, selon des aléas qui en suscitent des résurgences – nous influence et nous émeut de façon incompréhensible, pour le sens commun.

Concept psychanalytique, on peut penser que la crainte de l'effondrement est suffisamment universelle pour concerner, de près ou de loin, tout un chacun, même s'il s'en protège suffisamment (par des habitudes, des rituels, des plis, des manies) pour affirmer ne pas être concerné par un tel phénomène.

Liée à la sensation de (menace de) perte de repères et de difficulté (inouïe) à se séparer (d'un certain passé), il est compréhensible que l'on soit tenté, pour ne pas en souffrir, de tenir à distance tout ce qui l'évoquant serait susceptible de la déclencher.

Le but ici n'est pas de prouver que la crainte de l'effondrement est universelle, mais de permettre à celui qui en est la proie d'en dénouer, au cœur de son intimité, les causes et les effets, d'en découvrir l'origine et la « signification pour soi », quand elle maintient dans une dépendance (néfaste) à « on ne sait quel objet »... *plus redouté que redoutable* !

Crainte que notre organisation psychique, mentale, émotionnelle, affective, nous fasse défaut pour nous livrer ainsi démuni à l'inconnu. Crainte de se mettre à pleurer sans raison, de perdre la raison, de couler, de s'évanouir, de ne pouvoir ressusciter. La crainte (criante) de l'effondrement agit comme une inhibition aussi vitale qu'inconfortable.

Comportement, tempérament, personnalité se structurent à l'aide de défenses réflexes qui surgissent pour combler un manque ou atténuer un effroi. Nous les oublions tant elles font partie intégrante de notre fonctionnement. Quand soudain ces défenses menacent de tomber, l'avenir agit alors comme une menace qui ordonnerait... que l'on s'efface.

Crainte que « ce soit » hors de notre portée, au-dessus de nos moyens. Crainte en quelque sorte de se retrouver en un état antérieur (et donc inférieur), lié à une situation vécue, au cours de laquelle, trop jeune pour être assez mûr pour le supporter, nous nous retrouvâmes, seul, sans les forces requises pour y faire face... Nous *redoutons aujourd'hui* ce qui fut *redoutable hier*. Le sentiment reste comme en quête d'un nouvel objet (redoutable) pour s'exprimer.

Lorsqu'un soutien parental essentiel se dérobe sans prévenir, alors qu'en raison de notre jeune âge nous ne pouvions *compter* qu'avec lui et sur lui, tout se passe comme si les forces requises – qui manquent de façon dramatique – ne nous étaient pas *autorisées*. C'est de cette sensation d'avoir à supporter, seul, ce qui est au-dessus de nos forces, que naît l'impression récurrente de craindre de s'effondrer dans toute situation qui rappelle celle – ou celles – où ces forces firent défaut, et l'urgence de s'y soustraire avant même qu'elle ne survienne, de crainte qu'elle ne survienne !

Cette crainte, qui maintient dans une dépendance à un passé « insuffisant » dont nous n'avons plus trace, ne cesse de se rappeler en une indicible douleur, comme la manifestation d'un fonctionnement et d'un développement entravés. Chaque fois que l'on se sent trahi par une absence (réelle ou fictive) de forces, elle freine et freinera toujours plus l'avancée, en sollicitant à nouveau des défenses (protectrices pour combler les manques) non adaptées à la réalité présente, mais adaptées à la situation de ce passé enfoui où nous avons été comme effacé. Ou démoli. Ou négligé. Ou renversé. Retourné. Ébranlé. Épuisé. Lâché. Alors agi par cette crainte, on se barricade et on se barricadera, aussi longtemps qu'un recours mécanique à ces défenses entrera en action.

Anticipatrice et destructrice, la crainte de l'effondrement s'affirme comme une crainte infondée, car rien en apparence ne suffit à la justifier, alors qu'elle est « justement justifiée » dans ce passé non considéré, qu'elle y a été réellement sollicitée par un objet (un état, un événement) qui a suffi à communiquer une sensation d'effondrement et dont le souvenir fut comme effacé de la mémoire en raison même de cet effondrement... Comme si l'enfant ne pouvant supporter une vision ou une impression physique qui lui communique des sensations au-delà de ses forces ne pouvait que les effacer, et s'effacer en les effaçant, faire comme s'il ne les avait pas vécues, comme si rien ne lui était arrivé. Il reste comme en suspens au-dessus du vide de cette étape au cours de laquelle il ne put se développer, insuffisamment mûr pour supporter ce qui s'avéra de fait insupportable[1]. Peinant à atteindre la maturité, toute avancée réveille son anxiété.

Cet instant du passé – où furent sollicitées des forces qui se sont manifestées par leur absence – agit comme un fantôme. Il se signale par vagues de douleur dont on ignore, quand elles surgissent *incognito,* à quoi elles sont rattachées. À quelle (ir)réalité elles font référence.

Il en va ainsi de crises de larmes soudaines injustifiées, de crises de nerfs, de chutes stupides inexpliquées répétitives ou de chutes de tension

1. Défaut de présence parentale et les sensations qui en découlent.

incompréhensibles, d'évanouissement, de trous de mémoire... et autre peur de la faillite.

L'appréhension de se trouver face à ce que l'on croit être l'irréparable (à venir) – alors que nous serions (re) soumis à un (ir)réparable passé – nous conforte (tout petits que nous sommes aussi restés) dans de rassurantes habitudes qui privent du bénéfice de nouvelles expériences, en maintenant nos défenses en alerte de façon préventive radicale. Il s'agit de se dégager de ce passé pour le rendre – aujourd'hui – définitivement moins redoutable que redouté !

Quand l'environnement original a fait faillite[1], cette sensation de faillite se rappelle à l'être, aussi longtemps qu'elle n'a été éprouvée à nouveau de façon consciente[2], aussi longtemps que sa dimension démesurément angoissante n'est pas arrivée à la conscience, pour y être reconnue, dans un contexte de confiance régénérant, restructurant, réparateur.

Il est plus aisé de se rappeler d'un excès que d'un manque, d'un abus que d'une défaillance, d'un monstre que d'une « absence de présence », d'un coup violent que d'une défection qui s'apparente au néant, à l'invisible, à l'inexistant.

Aller à la rencontre de ce que l'on redoute apprend à ne plus le redouter. Le laisser agir en nous, comme une sombre dépendance, empêche de se séparer d'un passé (nuisible), maintient dans des rêves de puissance... à l'égal de l'impuissance du moment à avancer ! C'est par crainte de l'effondrement, qu'une femme choisit d'assurer en préparant un repas qu'elle goûtera à peine tandis que ses invités se promènent. Elle feint le désintérêt alors qu'elle envie ceux qui osent ce qu'elle n'ose s'autoriser.

1. Ce qui est le cas de tout environnement à des degrés divers de « cruauté » plus ou moins normale, légitime, tolérable, formatrice ou... intolérable.
2. Ce qui n'est nécessaire que si la faillite a été exceptionnelle et a grevé un manque « abusif ».

Oser pleurer, perdre la face, oser refuser *a priori* plutôt que d'accepter *a priori*, oser accepter ce que l'on a pris l'habitude de refuser. Dénouer l'impossible. Pour ne plus tourner en rond, ni piétiner sur place et enfin sortir (du pays, des habitudes, de la routine, d'un carcan oppressant) sans plus craindre de s'écrouler.

Passages à vide, au-dessus du vide, sans contrôle ni autorisation, il est normal d'en redouter la résurgence, mais vital d'en prendre conscience pour ne pas « répéter » la crainte du vide et ce qui l'engendre.

L'attrait de la mélancolie

L'ombre qui assombrit le sourire. Le regard qui se voile d'un imperceptible drame. Les pieds ont froid. Le visage grimace. Les sensations affluent mais les mots se refusent. À l'intérieur tout semble gris ou couleur morose. Quand la pensée stagne dans les eaux dormantes de la mélancolie, on aime à ce que le passé déteigne sur le présent, l'imprègne d'accents graves et de noirs sentiments, pour conforter une humeur maussade et se laisser bercer, en les ressassant, tel un petit enfant que l'effort rebute, mais qui ne peut être que seul et triste sans ses parents.

Qu'elle ait été inaugurée par un événement dramatique ou nous habite depuis la nuit des temps, la mélancolie est le rappel d'une souffrance toujours imprécise pour qui la vit ou la devine.

État d'abattement ou de tristesse qui se manifeste par vagues plus ou moins vertigineuses, se traduit par une inclination à la rêverie pessimiste, la mélancolie n'exclut cependant pas le bonheur. Tapie en permanence au fond de l'être ou surgissant par période, elle peut être une façon de vivre en dépit de la douleur et de se supporter dans la douleur sans refuser la vie.

Apparentée au spleen, au cafard, à l'ennui, à la déprime, à la neurasthénie, à la désolation, à l'aboulie, à l'apathie, un peu à la nostalgie, la mélancolie n'a pas toujours bonne presse. Elle inquiète le cœur car elle l'assombrit et appelle la nuit même en plein midi.

On aimerait que ceux que l'on aime ne sombrent pas dans la mélancolie. Même si l'on évite les gestes qui pourraient l'engendrer, elle apparaît et réapparaît au gré des heures, alourdissant une démarche, grisant la mine, éteignant le regard. Un peu blessante, un peu vexante, un peu lassante, à force de torturer les expressions, il semblerait qu'elle affecte parfois moins qui la vit qu'elle ne chagrine l'entourage.

Expression de difficultés qui maintiennent dans la dépendance, en écho à une situation incertaine où un être, un objet, une présence se désista tandis que nos rêves nous confondaient à lui, la mélancolie n'est pas sans charmes.

Perte de capacité de travailler ou d'aimer (dans le réel), elle est le refuge des rêveurs. Disparition – par intermittence – de l'estime de soi, mais disparition aussi du goût de la conquête. Langueur du désir toujours en attente d'être élaboré, toujours menaçant de retomber ! Indolence complaisante contrariée par une persistante perspective de déchéance qui fait naître des reproches envers soi-même, pour mieux se sentir exister à travers eux. La mélancolie est l'art d'avancer sur place, de se promener sans bouger dans l'espace, de défier le temps, de se laisser porter par les contingences tout en les maîtrisant mieux qu'il n'y paraît. Le mélancolique exerce sa tyrannie, et pas seulement envers lui !

Vide, suspens, état second, sensation que l'infini s'affirme aussi souvent que l'achèvement, que rien ne rattache à rien, qu'aucune structure ne porte ni ne sera assez forte pour un jour la supporter, la mélancolie nourrit aussi le romantisme quand le regard ne trouve où s'ancrer dans la réalité.

État intermédiaire propice au ralentissement de la pensée, à la complaisance langoureuse, à la démotivation quand il s'agit... d'agir, elle invite à la paresse, entre coquetterie et façon d'être.

Trouble de l'humeur, dit-on, invalidant, source de débordements mais aussi terreau de nombreux créateurs, elle est le signe de reconnaissance des êtres prédisposés à percevoir tout avec plus d'acuité, à ressortir de ce fait, non plus affaiblis mais plus impressionnés d'un événement accidentel, donc plus dépendants des perturbations qu'il entraîne.

No man's land des idées, le corps se confond en sensations étranges, impressions barbares et courants impalpables dont il se nourrit et se protège à la fois. Tétanisé, le goût s'efface sans laisser place au dégoût. Le monde se fait incolore au profit du sentiment dans un ciel moite. Sans envie de pleurer, on apprécie la pluie de détresse lorsqu'elle s'abat si doucement. Non épuisé, juste las, très las, en apesanteur, jamais ici toujours ailleurs sauf quand personne n'est là. S'il est tenté de mettre son désir en action, le mélancolique, allergique à la contrariété comme à la contradiction, est submergé par une crainte mystérieuse et paralysante de souffrir qu'il a l'art de neutraliser.

Surgissant avec plus de ferveur (mélancolique !) au souvenir de certains disparus, la douleur se fait ressentir pour signaler le regretté, rendre un peu (l'illusion) de sa présence.

Éprouvant, le mélancolique, l'insatiable besoin d'entretenir cette sensation d'absence pour se sentir exister se demande : « Pourquoi moi ? pourquoi pas moi ? pourquoi ne sais-je et ne saurai jamais, pourquoi ai-je été délaissé et n'ai-je su retenir ? pourquoi ne suis-je pas qui je n'ai pas été ? », comme si la disparition de l'autre lui était imputable et qu'il n'aurait pu en aller autrement.

Désenchantement qui s'interdit l'amertume, constat de l'absence, de la non-appartenance, l'état mélancolique est souvent lié à la mort d'un *proche* que l'on *se re-proche* de n'avoir su re-tenir. On lui en veut, sans se l'avouer de nous priver de nous-même, de notre capacité à vivre en l'oubliant. C'est ainsi que l'on tient à lui, ainsi que l'on s'aime. Nous attachant au passé où il était présent, il nous vide et nous comble de son absence. Se fondant avec lui à l'infini, au néant, à l'impalpable, à la nuit, sans raison ni horizon, entre deux eaux comme en apnée, réalité et irréalité fusionnent, on suspend le temps, sans songer à se lever ni à s'endormir. On voudrait être autre sans pour autant détester être soi. Certains musiciens bercent nos états mélancoliques. Peut-on vivre sans jamais cesser de rêver ?

Plus le fait de l'adulte que celui de l'enfance, la mélancolie tourne autour de l'enfance perdue. Elle maintient en douce correspondance avec l'absence, et commande de n'en souffrir comme de ne jamais en guérir, avec ce brin d'étrangeté qui la rend inquiétante mais jamais suffisamment pour que l'on désire en sortir. Indolorisante, elle devient attrayante.

Une femme qui a abandonné son enfant se sent coupable. C'est une culpabilité du même ordre qui se retrouve chez la jeune mère qui travaille, même si elle sait que la qualité de la présence importe plus que le nombre de minutes passées auprès de « l'abandonné »... On couve tous un petit fonds d'abandon qui de temps à autre invite à la mélancolie.

Refus de la solitude que l'on cajole dans la solitude ! Refus maussade de ce qui occasionne la douleur, la mélancolie pousse à la préférer – jusqu'à s'anesthésier contre les sensations qu'elle procure – plutôt qu'accepter la réalité de ce qui (dans le monde) l'a communiquée. Quête de l'illusoire aux effets bénéfiques, refus de la transformation, elle maintient rivé à l'indicible douloureux pour ne pas perdre l'instant (de joie, de bonheur, de partage délicieux) qui l'a précédé. Toutefois, lien à l'autre qui fait sens, et état de sauvegarde, froisser la sensibilité de qui y a recours, au moment où elle s'étoffe pour préserver un peu de vie, la fragilise.

Aussi longtemps qu'elle n'interfère pas tel un handicap social, pourquoi la combattre ? Elle peut être le fruit d'une pensée, le germe d'une œuvre, une façon de s'enrichir à l'abri du tout-venant, de supporter une solitude à laquelle nous sommes tous plus ou moins destinés.

Quand la mélancolie agit comme une tentative de survie, qui protège d'un monde étrange, pourquoi y renoncer ? Source de débordements affectifs potentiels, mais aussi de création, si elle atténue les forces de réactions, rallonge le temps d'assimilation, celui qui est sous son emprise ne connaît pas l'ennui. Ne pouvant la vaincre à la racine, il choisit en général de la vivre comme une étrange dépendance à assumer, si elle n'interdit pas d'autres plaisirs, qui ne suffisent pas à la combattre.

Plutôt que d'en prendre ombrage, pourquoi ne pas penser, avec Victor Hugo, que la mélancolie est « le bonheur d'être triste » ? Une fois encore, il est préférable de reconnaître un état pour pouvoir le dépasser que de se cabrer fasse à ces assauts. « Nous ne valons que ce que valent nos inquiétudes et nos mélancolies », disait Maeterlinck[1]. Autant, donc, les prendre en compte… Prêt à s'accepter tel que l'on est plutôt que (se) rêver à l'image de ce que l'on n'est pas – ou de ce que l'on n'a pas –, elles nous enseignent sur nous-même. Pourquoi ne pas se régénérer en laissant aller de temps en temps sa rêverie, même maussade, autour de ce que l'on a, en pensant à ce que l'on n'a plus ou que l'on a perdu ?

Jeanne est la mère de deux fillettes, « qui la comblent ». Elles rivalisent d'attentions à son égard : l'une la coiffe, l'autre lui fait la lecture ou des massages et, pour ne pas réveiller sa tendre plainte, rentrent de l'école sur la pointe des pieds. Son corps souffrant d'un mal dont on ne trouve aucune trace organique ne la soutient plus. Elle s'habille de noir en souvenir, dit-elle, de son jeune

1. Poète, dramaturge, philosophe, entomologiste belge, Maurice Maeterlinck obtint, en 1911, le prix Nobel de littérature.

cousin qui était son presque jumeau et dont elle déplore la mort injuste alors qu'ils avaient 8 ans, mais se réjouit de l'amour qui la réunit à ses deux fillettes si dévouées et si brillantes élèves. Souvent, elle pleure en les regardant et ne sait si c'est de bonheur ou de tristesse.

L'hospitalisation de sa fille aînée consécutive à une chute, l'obligera à sortir de sa torpeur et à prendre conscience de sa délectation morbide. Une analyse lui permettra de ne plus soumettre son entourage à ses humeurs et à reconquérir son homme en ne cherchant plus son cousin perdu à travers lui.

Douloureuse béance

Autant le rêve sous-tend le désir, érotise une relation amoureuse et la magnifie quand il nous projette dans un avenir fantasmatique porteur et joyeux, autant, s'il vient compenser manque ou frustration inavoués, il confine à l'indolence, fausse les perspectives, brouille perceptions et relations. Un rêve a besoin d'une aimable réalité pour s'ancrer. Faute de fondements où l'appuyer, il est aussi épuisant de le supporter que d'y renoncer.

Qui, porté par un trop grand vide, n'a pu enraciner son désir hors de ce vide est prompt à la révolte. Là où le vide est inscrit en soi, il est difficile de s'en départir. On se sent prêt à exploser, à tout faire sauter, à tout casser, même si heureusement on se garde de le faire.

Envie de pleurer ? Impression de néant ? Pas de mot pour le dire. D'ailleurs, pourquoi le dire ? La vie s'arrête sur le moment. Il n'y a plus d'après. Personne pour l'entendre. Ceux qui n'ont pas vécu le manque ne sont pas prêts à le comprendre. Envie de hurler, de déchirer, de se sentir vibrer, de faire le plein par le vide, de casser pour se sentir exister, de remplir l'espace, de trouver la paix, de l'offrir (au monde entier), de se sentir aimer, de fuir cette guerre qu'un désespoir tapi encourage à déclarer.

Que l'on ait été abandonné par le passé, qu'on le soit ou non dans le présent, que nous ayons affaire à une séparation douloureuse d'un point de vue réel ou imaginaire, quand le sentiment de solitude injuste nous étreint, il nous étreint ! Faisant toujours écho à un vécu, fut-il passé « comme inaperçu », ceux qui l'ont connu et en sont sortis, animés d'une énergie rare, ne sont pas prêts à se laisser happer par ce à quoi ils ont réchappé. L'ardeur salvatrice déployée pour se sortir des luttes intimes insoupçonnées auxquelles ils se sont sentis livrés n'est pas prête à retomber.

Avant d'arriver là, ils ont connu le vide, l'absence, le manque, le désert affectif, le rien, qui ne se voit, ne se nomme, n'existe pas… et pourtant taraude.

La compassion dont nous bénéficions lors de la disparition d'un aimé nous aide à supporter. Cependant, lorsque la disparition est inapparente ou non reconnue mutilante, elle est difficile à assimiler. Non qu'elle soit plus (ou moins) douloureuse qu'une autre, mais invisible pour l'autre, elle nous rend de ce fait, pour la partie qui nous concerne le plus, comme inexistant à ses yeux. Il en va ainsi de certains chagrins incompréhensibles pour l'autre.

On conçoit rarement le malheur intime d'une reine. Étant donné que l'on ne prête qu'aux riches, quels que soient les désarrois qu'elle subisse, nous lui prêterons du bonheur.

De même, d'un enfant gâté qui part en voyage, nous quitte pour un autre continent, on n'imagine pas les déchirements. Pourquoi plaindre celui qui s'en va, comment ne pas en vouloir à l'ami(e) qui nous quitte ? « Tu n'avais qu'à pas déménager » reproche une fillette qui vient de jouer, délibérément blessante, un méchant tour à son amie. « C'est de ta faute si tu me laisses »… ne cesse-t-elle de reprocher à celle qui est pourtant meurtrie de devoir la quitter, se séparer de son quartier, laisser derrière elle sans raison tout un pan de son enfance, de leur enfance.

On n'aime pas que s'éloigne qui l'on aime et l'énergie afflue pour se défendre et se dresser contre l'affront que fait ressentir son éloignement. Toujours cruel est l'abandon. Souvent cruel l'abandonné.

La séparation est délicate quand il s'agit de vide. Comment éviter qu'il ne s'empare de nous, rester calme pour ne pas y tomber quand il se fait précipice ? Un déménagement impromptu dans l'enfance[1], et nous voilà obligé de laisser tout un pan de l'histoire à laquelle nous sommes intimement rattaché. Les amis, les lieux, les odeurs, les parcours, tout ce qui se laissait vivre sans se dire, avec le cœur, le corps, à travers les émotions, tout ce qui, nous comblant, autorisait notre insouciance, tout cela nous est confisqué et nous marque soudain au sceau du manque.

Le manque serait ce qui agit lorsque le vide survient là où la vie réclamait du plein pour être, et faire exister.

« Ne te plains pas ! Arrête de te plaindre ! » dit le père à sa fille qui ronchonne. « Tu vas voir, ce sera si bien… » renchérit la mère guère plus convaincante qu'elle n'a l'air convaincue. Une mère n'aime pas l'idée d'arracher un enfant à son bonheur, mais quand elle ne peut faire autrement, l'enfant cesse de se plaindre pour ne pas, en la blessant, se sentir moins aimé. Comment se projeter quand on se sent, enfant, privé de l'essentiel ? Quand se dérobe la base sur laquelle chaque jour sans y penser on s'appuyait – un pas après l'autre – pour rêver, se retenir, avancer, courir ou tâtonner ?

1. Le dernier livre d'Amélie Nothomb rend bien compte de ce vide et des séquelles consécutives à un tel arrachement – *Biographie de la faim,* Paris, Albin Michel, 2004.

« De quoi te plains-tu ? Tu vas avoir une maison deux fois plus grande, un jardin, un chien, un canari, une nouvelle chambre, de nouveaux amis… » En matière de géographie sentimentale, aucune parole n'est réconfortante et les frontières entre arrondissements peuvent être aussi cruelles que celles qui séparent les continents.

Rien n'est mieux que ce que l'on aime au moment où on l'aime. « Ne me demandez pas d'aimer ce que je ne connais pas. Ne me demandez pas de comprendre avec la tête ce que je ne peux comprendre avec le cœur. » Une privation qui force l'enfant à aimer ce qu'il n'aime pas lui est intolérable.

Un père qui s'évanouit à l'étranger sans un message, que le monde encense mais dont l'enfant ne connaît que les absences ou l'indifférence qu'il manifeste à son endroit, une mère qui ne répond que par le silence, une inquiétante prise de distance ou l'obligation de quitter le pays que l'on a aimé, et la béance s'installe comme une invisible plaie. C'est le désert sentimental, l'interdit de s'exprimer.

Comment (re) peupler ce désert qui absorbe, où seul face à sa seule solitude personne ne renvoie l'image de personne ? Comment, quand les forces échappent au fur et à mesure que la désertion se confirme, réagir et ne pas réagir ?

La violence qu'exerce ce genre de séparation marque d'une empreinte diffuse mais indélébile. Greffant un sentiment d'abandon d'autant plus redoutable qu'aucune parole de vérité ne l'accompagne pour souligner le sens de la perte qu'elle symbolise. Tout propos de bonheur pour tenter d'en minimiser la portée dramatique émotionnelle et affective ne fait qu'accentuer le blanc et « la peur du manque » qu'elle installe.

Remplir les placards de petits bouts d'inutiles, ne pas arriver à jeter en sont les conséquences. Comment se départir d'une tranche de vie dont nous avons été un jour soudainement privé ? Comment y mettre terme quand l'espoir de la retrouver maintient en vie et qu'il n'est pas question de le perdre... ? Alors on s'y attache, on s'y rattache, maintenu dans le vide en quête de l'introuvable.

Prêt à agresser père et mère, à les inonder de questions, à se noyer dans leur mystère, à s'en prendre à leur maison. La colère, la rage marquent l'impuissance présente et rappellent celle face à laquelle nous avons été mis le jour de la séparation que rien n'annonçait.

Quand les parents disent « tu verras tu auras ça » l'enfant entend « tu vois tu vas perdre ça. Tu ne l'auras plus jamais ». La plainte s'installe en lui comme un long fleuve triste pour compenser en vain l'érosion affective qui s'amorce, et signifier la différence entre le rêve dont il avait été, bien plus que de besoin, nourri et la réalité brute qu'on lui demande soudain d'avaler.

Invité à agir en traître envers soi-même, on fait semblant d'être conciliant, si possible, mais souvent on ne le peut. Alors, écartelé entre le désir d'être et le manque, on accepte avec la tête ce que l'on refuse avec le cœur. Les cadeaux ne comblent pas... L'oubli viendra remplacer le vide. Rien n'apaise la trace de l'effacement ni n'en atténue les effets. Reste la sensation du manque, de l'éternel manque, du vide immense à combler.

Chapitre 5

De l'indicible à l'invisible

D'une fusion à l'autre

Urgence et résurgence d'expériences douloureuses qui se rappellent à nous pour inviter à grandir… Quand un sentiment d'abandon se faufile, imperceptible, il perturbe l'équilibre, déforme la réalité, parasite les relations. Enfant, vous qui étiez si bien dans votre peau, qui n'aviez plus besoin de vos parents, vous avez (re)senti un après-midi les forces vous lâcher sans raison. Jalousie ? Mal au cœur ? Détestation… Chagrin… Désarrois puérils ?

Une mère qui désormais vous ennuie, un père qui agace et Pierre qui n'a plus d'yeux que pour Anne qui s'échine (discrètement ?) à vous faire entendre que ça l'embête de vous demander de la laisser seule à seul avec Pierre... quand hier, meilleurs amis du monde, ne pouvant se passer de vous, ils vous sollicitaient pour recueillir leurs confidences.

Sous le « Mais non mais non reste, je te le dis, si si, tu peux rester », lancé distraitement, résonne moins aimable en filigrane « Tu es gentille, on t'aime bien, je veux pas dire... mais... »

Et tandis que vous vous éloignez, ils murmurent, compatissant en un chœur si tendre que les larmes vous montent aux yeux « Si tu veux... tu ne nous déranges pas... » et déjà ils se replient l'un dans l'autre... « Tu nous en veux pas ? Promis ? Bisous bisous... » Promis juré craché par terre... Vous détestez les bisous, en voulez à vos amis, à la terre entière, à vous en rendre détestable... ! zavékapas... ! Dieu que certains bisous sont exécrables quand leur goût amer promet de gâcher celui de votre journée tout entière.

Ce n'est sans doute pas vous aujourd'hui mais peut-être hier.

Passage obligé pour la plupart du monde de l'enfance à celui de l'indépendance, à l'adolescence, on jette son dévolu sur des amis « transitionnels ». Un garçon, une fille, dont ne peut se passer et qui ne se passent pas de nous. Substituts amoureux, avec eux on fait les quatre cents coups... On passe des heures à papoter en révisant, on sort, on fait la fête, on va au cinéma. On partage tout avec l'exquise politesse du jamais deux sans trois. Et soudain le téléphone nous laisse seul face à eux absents comme seul face aux parents. Les premiers aident à se détacher des seconds, à se repositionner face à eux, à réaménager les distances. Quand l'amie d'enfance dont on n'a manqué depuis le CP aucun anniversaire s'endort en nous tournant le dos dans les bras de son blond aux yeux verts, la veille encore déclaré insipide, quand le meilleur ami tombe amoureux et pire encore de la meilleure amie, c'est le sacre impitoyable de notre Solitude. Comme si notre mère avait dressé une table sans notre couvert, on se persuade d'être à jamais rayé de leur univers.

Entre rage et tristesse on se sent décomposé. Comment réagir ? Leur en vouloir ? Que faire valoir ? Comment leur faire savoir ? Colère, dépit, amertume, envie de se venger dans l'immédiat... On est tenté d'agir pour les séparer... mais plane la menace de perdre vraiment leur amitié en devenant insupportable.

Le sentiment de trahison qui étreint ici traduit plus la crainte de ne savoir se retrouver seul que la réalité d'un abandon cruel. Cette crainte, plus rébarbative que motrice en un premier temps, est celle qui accompagne tout passage.

On compose en attendant de rencontrer l'âme sœur. Le recul aidant, la scène bien que désagréable semblera une étape banale de l'acquisition progressive de la solitude (obligée) face aux parents. Les amis « jouant » les parents, nous « l'enfant », et inversement, selon les heures, les moments, les humeurs.

Paul, 32 ans, vient de terminer brillamment un stage de perfectionnement qui est censé le faire progresser dans la hiérarchie de son entreprise. Au lieu de s'en réjouir, il se persuade que quelqu'un de plus compétent que lui l'a remplacé pendant son absence et qu'il va être licencié.

La joie de sa réussite est associée à la crainte inconsciente d'être abandonné, en souvenir de ce jour où son père lui a annoncé quitter le domicile familial sans même prendre le temps de le féliciter pour son brillant passage en sixième.

Paul appréhende de grimper dans l'échelle sociale et préférerait presque être rétrogradé pour être consolé par son épouse comme il le fut par sa mère vingt ans plus tôt. Une thérapie lui permettra de décolérer contre son père et d'intégrer le fait qu'il peut mener sa vie professionnelle sans abandonner quiconque ni perdre l'amour de sa femme.

« Les gens m'appellent l'idole des jeunes (...) mais s'ils pouvaient savoir dans la vie combien tout seul je suis. » chante Johnny Hallyday. Être l'idole des jeunes n'empêche pas de se sentir abandonné aussi de tous quand, le soir, on se retrouve seul et désemparé dans une chambre d'hôtel, une fois le public disparu. C'est probablement la préexistence d'un sentiment de solitude insupportable qui pousse à partir à la conquête d'un public idéalisé et aimant, sentiment que le public reconnaît pour sien à travers les chansons. La solitude est moins redoutable quand on sait que d'autres la subissent. Reconnue, comprise, elle se fait moins pesante dans le partage. Idole ou pas, l'humain a besoin de gens qui le comprennent pour mieux se supporter. Quête infinie à laquelle certains pallient en s'entourant d'une armada de gardes du corps, maquilleuse, masseuse, coiffeur, confident, d'autres en se réfugiant dans la douceur perverse de l'alcool ou autres anesthésiants... Succès ou pas, la solitude reste pesante tant qu'on n'a pas appris à l'assumer.

Pourtant, personne n'est jamais tout à fait mûr, ni tout à fait stable. Cette difficulté à supporter séparation et solitude est inhérente à la vie. De la naissance à la mort nous passons par des étapes qui nécessitent que l'on quitte une partie de ce à quoi l'on tient pour acquérir ce que l'on désire, que l'on renonce à ce que l'on était pour (mieux) devenir.

Quelles qu'en soient les raisons avancées ou les motivations plus profondes, les moments d'anxiété, de déprime et les petites tortures que l'on s'inflige disent cette impossibilité de vivre seul sans aussitôt être agité par le besoin de reconquérir le cœur, la présence, la permanence de celui dont on a été contraint de se séparer. Public ou mère, sœur ou père. S'abandonner soi-même corps et âme dans la boisson ou les pleurs en alimente le rêve sans permettre de les retrouver.

Allergie à la contrariété, malaise consécutif à la déception ou à l'opposition, sentiment insurmontable d'infériorité, nous avons tous traversé des périodes de passage à vide, que la fierté nous recommande de dissimuler à autrui.

Mal vécue ou trop violemment revendiquée, la solitude dit la difficulté à vivre seul sans se sentir « indûment » séparé... Quand toute contradiction est insupportable à vivre, toute perspective de prise de distance déchirante, quand le passé contrecarre l'indépendance, quand on se sent coupé de soi ou du monde, souvenons-nous malgré tout qu'il n'est jamais trop tard pour bien couper le cordon... même si parfois le chemin est un peu long...

Quand la séparation n'est qu'apparente

Déchirante, une mauvaise séparation épuise en déchirures. Elle retire le goût du défi, dénature celui de la vie, érode les défenses, et angoissante, soustrait à la réalité.

Hugo a 11 ans et entre au collège. Au bout de deux jours, il demande à ne plus être accompagné, exige un trousseau de clefs et réconforte sa mère en lui disant de ne pas s'inquiéter, mais il refuse tout baiser au prétexte qu'il est « grand maintenant ».

Dans la cour, il ne parvient pas à se faire des copains et au premier voyage scolaire, il est rapatrié d'urgence suite à une agression dont il a été victime.

En dépit des apparences, il lui est impossible de quitter sa maman qu'il a pris l'habitude de materner. La crainte de la savoir souffrante en son absence, de cette souffrance indicible qu'est la dépression, l'empêche d'acquérir son autonomie. C'est cette situation qui se rejouera en toute circonstance à l'âge adulte.

Quand la séparation n'est qu'apparente, l'autre dont on vient de se séparer, mère ou amant, enfant ou confident, nous monopolise même en son absence.

Le meilleur ami nous vampirise, nous tyrannise, nous tétanise. On ne peut se passer de lui, mais dès qu'il est là il nous ennuie. Il insupporte autant qu'on s'insupporte dans son incapacité à se vivre au singulier. « Sans l'autre je n'existe pas. Dès qu'il est là, je m'efface. Son absence m'agace, pourtant quand je le vois je suis de glace… »

Certains couples sont bâtis sur ce modèle de relation fusionnelle, l'un étant la mère de l'autre et réciproquement. Peu importe le sexe, c'est l'attachement qui l'emporte. Sans cesse en laisse, on se retient mutuellement par peur d'être réabandonné. Certains le vivent plutôt bien, d'autres moins.

La peur de souffrir à nouveau déclenche celle d'être abandonné. Même compensée par des heures riches et intenses, la souffrance sourd en permanence et s'impose, invisible, pour s'assurer l'indispensable présence qui, ayant un jour fait défaut, l'inaugura en suspendant la confiance à l'attente et au doute.

L'angoisse de revivre ce qui la déclencha s'alimente à l'angoisse. Crainte de revivre ce que l'on a vécu sans se souvenir précisément l'avoir vécu. Crainte d'être vaincu avant d'avoir vécu. Peur de perdre et appréhension de l'incertain maintiennent le contact avec ce que l'on appréhende de perdre. Tandis que l'objet (aimé) rassuré peut « choisir » par son comportement de l'entretenir pour se sentir pourquoi pas mieux aimé.

En réponse à l'attente, il nourrit l'illusion de sa possible disparition. Il ne prévient pas de son départ, arrive en retard. En jouant ainsi avec le doute, il maintient sa moitié dans l'anxiété, se l'aimante et se l'aliène ! La crainte éveillée en retour, qui entretient la flamme de son amour, le rassure sur l'importance qu'il revêt dans le cœur de l'aimé avec qui il n'est souvent guère plus aimant que l'enfant qu'il est aussi resté pour mieux se sentir aimé. C'est le couple des abandonnés !

Connexion, déconnexion

Le téléphone sonne… Ouf ! Ils ne m'ont pas oublié sous-entend le soupir qui y répond en écho… Aimé et apprécié sur un plan familial et professionnel, cet homme en apparence n'aurait aucune raison de se sentir inquiété par un quelconque abandon. En vacances bien méritées, maître de lui, le cœur au calme, l'esprit alerte, laissant transparaître sans forfanterie sa satisfaction, son soulagement joyeux traduit pourtant ce qui, à l'insu de tous le troublant, justifiait, maintenant on s'en souvient, sautes d'humeurs incompréhensibles, agacements tatillons, silence brutal, gestes d'impatience, source de tensions passagères mais blessantes dont pâtissaient femme ou enfants… le temps d'un instant. Refuge dans le sommeil, les grasses matinées se prolongeaient pour oublier, au cas où… il aurait été oublié. Le voilà rassuré, le pied leste, il se lève. Une nuit brève mais réparatrice l'a mis d'humeur câline face aux piques taquines de sa concubine ou aux cris des enfants. Il recouvre souplesse, humour, sympathique légèreté, et ne brandit plus la fatigue de l'hiver comme excuse à l'indisponibilité. La certitude de ne pas être « oublié » a dégagé son horizon. Et lorsqu'il lève les yeux, étrange coïncidence, les nuages qui s'enfuient en courant pour laisser place au soleil lui donnent l'impression de sortir d'un mauvais rêve.

Éphémère fut la grisaille tout comme son humeur maussade. C'est lorsque celle-ci s'estompe, que la conscience d'un trouble naît. Quand ailleurs quelqu'un pense à vous, peu importe la panne d'essence ou les loisirs écourtés. Les troubles sans gravité font partie de la vie quand vivant on se sait – se sent – pas oublié. Plus aimé ailleurs, mieux aimant ici, être désiré rassérène, on cesse de (se) négliger… Rien ne semble trop lourd, les charges dont le poids la veille nous dépassait sont devenues un plaisir à assumer.

Sans téléphone pour le rappeler, la mauvaise humeur aurait signé (soigné ?) l'inquiétude aussi longtemps que justifié. Le sentiment d'être délaissé déteint sur les relations, les menace d'érosion et provoque abandon, négligence, désertion sentimentale, comme pour confirmer une perception intime.

À l'ombre des regards et des consciences comme l'orage sous les nuages, on oublie qu'il faut être aimable pour exister aimé. « Oh ! je suis sûr que je ne vais plus être aimé... Sûr qu'ils vont m'oublier... D'ailleurs... »

Pourquoi ne pas le prouver ? Mais un signe de l'extérieur – un appel d'air – suffit à recouvrer sa liberté. Ne plus se sentir enchaîné ni prêt à enchaîner par une méchante humeur. L'amour comme l'estime donne des ailes. Le désamour les plombe ! Oui même en milieu professionnel on a besoin de se sentir apprécié et reconnu mais aussi aimé – un patron qui le sait, couve sa secrétaire, entretient sa cour, câline son entourage. Sitôt le doute immiscé, on est susceptible de se sentir (tout en se le dissimulant comme le tout petit enfant) perdu. Se rappeler qu'ailleurs on est aimé conforte en secret les heures où l'on se sent le moins exister. Comme si l'on avait besoin de se partager. Perte du sentiment d'existence, perte du sentiment d'être soi nous mineraient si un sentiment d'amour n'était régulièrement alimenté...

Petits moments grands tourments

Il est certaines occasions où, sans raison, on a l'impression de perdre pied. Réaction à un sentiment plus archaïque qui résonne en écho, plus ou moins parasite, au hasard d'un événement, d'un bruit – une mise en situation en réactualise une plus ancienne, dont on avait perdu conscience. On ignore sa motivation, mais l'émotion suffit à bouleverser le cours d'une journée. Des situations vécues à degrés divers de gravité n'ont pu être assimilées. Elles se rappellent à nous, insidieuses, et ravivent une douleur jadis occasionnée. Qu'un acte inquiétant ait été passé sous silence, qu'un adulte ait fait appel à notre complicité tacite d'enfant pour nous faire *avaler,* tel un plaisir, un méfait dénoncé chez un autre ou qu'il nous ait demandé d'accomplir (à sa place) un acte au-dessus de nos forces, que l'on ait été, victime ou témoin, prié de supporter ou partager un acte dont la responsabilité « dépassait les bornes », plus d'une fois nous nous sommes sentis abandonnés. Sans soutien pour comprendre l'épreuve au moment de la traverser, le souvenir en resurgit signifiant l'inconcevable. L'urgence de révéler, de s'en sortir, d'être sauvé ravive soudain peine ou contrariété, appréhension de la perversité ou agression déguisée.

Tu ne souris pas ? Tu es fâchée ? Tu ne m'as pas dit bonjour ? Il n'a pas dit au revoir... Oh ! elle est vexée ! Un bas qui se file au moment où nous allions sortir. Un accroc dans le chemisier préféré... L'ascenseur qui n'arrive pas... Ce n'est pas que le monde s'effondre... mais presque. Le patron nous attend. On ne veut pas avoir la guigne... On est sûr de l'avoir et prie en urgence que ce soit démenti. De misère, on pique une colère. On ignore la voisine, on injurie le chien de l'épicier qui vient nous saluer en frottant sa truffe tiède, berk, sur notre mollet...

Le monde est lourd... On manque de place. Il n'est pas fait pour nous. Alors on harcèle la seule personne qui nous aime (un peu) comme pour lui reprocher de n'avoir été là pour nous aimer à l'instant du passé oublié où nous avons été abandonné ou agressé.

Quand le désespoir rejaillit, ravivant d'anciennes souffrances, sa démesure est proportionnelle au silence qui les étouffa. On va mal sans savoir pourquoi. La vie nous brime. Ou se sent triste, on ne se comprend plus et ne l'accepte pas.

« Pourquoi a-t-il raccroché si vite ? Il ne m'a même pas répondu, pas pris le temps de me parler. J'aurais dû me montrer sous un meilleur jour. J'avais plus de voix. Il m'agace je vais lui faire payer. Quelle imbécile, elle a fichu ma journée en l'air ! Elle savait pas que je dormais ? »

La vie souvent ne se passe pas comme on le croit. Tel un miroir dont le reflet trompe lorsqu'il dit l'exacte vérité, il faut savoir lire à travers ce qu'affirme sa volonté. Certains rendez-vous se laissent oublier pour rappeler la valeur de ce qu'ils représentent ! L'inconscient est paradoxal. Le manque crée le désir et le vide la nécessité du plein. L'accident de parcours ouvre les yeux pour reconsidérer ce qui l'a provoqué. Et avant que renoncement et lassitude ne paralysent, relançant la machine, ce manque incite à faire la part entre un funeste passé et la nécessité de se réinscrire – en dépit de ce passé – dans le présent. Oublier ce qui tient à cœur permet parfois de se le rappeler. Les fantômes sont têtus et savent mieux que nous ce qu'ils font lorsqu'ils nous forcent à agir, parfois à l'encontre de ce que nous voudrions. Le désespoir oscille entre crise de nerfs agressive et sentiment de perdition infantile, entre l'envie de tout faire sauter ou d'éveiller la pitié. Derrière le caprice ou le rire nerveux se dissimule le désarroi. La peur d'être laissé tomber justifie l'impatience de qui s'est senti abandonné.

Hypersensibilité, allergie à la contrariété, désir de grandeur, en dépit des apparences, on ne se sent pas à la hauteur... On se tait, l'accident guette. Chaque séparation inquiète, même si on la souhaite. L'obligation de taire persuade du contraire. On demande la séparation, on l'exige, on l'impose. À peine passé le seuil, l'envie nous prend de revenir. On reste collé. On voudrait être retenu. Pas question de revivre l'abandon. « Le passé, c'est pas ce que je voulais. »

La mémoire se mélange, on en veut à l'autre d'avoir subi ce que l'on a subi en son absence, comme si cette absence en était la cause. On ne le connaissait pas. En réalité, c'est à soi que l'on reproche d'avoir été abandonné. On voudrait, pour démentir le passé, qu'il nous retienne. On est prêt à lui en vouloir quand l'abandon nous a dévalué, on ne trouve meilleure façon de se faire valoir... Un acte manqué, un faux pas, un geste maladroit... Le pire menace d'intervenir, pour rappeler ce dont nous n'aurions pas été victime si nous avions su l'empêcher de partir. Il ou elle, le retenir. Celui du présent se confond à celui du passé.

C'est durant l'absence que survient ce qui n'aurait dû survenir. Et quand s'y adjoint l'indifférence, toutes deux décuplent et entérinent la souffrance. L'isolement, ou ce qui le symbolise, active la reviviscence.

Un membre de la famille un peu trop séducteur, un parent absent au mauvais moment. À tout instant le souvenir gravé est prêt à gémir, brutal, exigeant. À travers lui on persécute, on interroge, on agresse, on harcèle, on refuse l'idée du temps... Pour se défendre on se rebelle, comment faire pour ne pas se laisser couler ? On aurait tant besoin que ça ne soit jamais arrivé.

Quand à travers l'obligation de se taire, l'interdit de révéler s'impose on se sent plus que jamais abandonné. Intensifiant la gravité, quand le secret sépare, le silence tue et dramatise. Au moindre retard, l'effort se relâche. Une lettre n'arrive pas, le téléphone tombe en panne ? C'est aussitôt le drame, la guerre intestine. On se persuade de nullité (normal chez le mal-aimé). On aggrave le présent pour prouver l'horreur du vécu, la mettre en relief, lui rendre un peu d'actualité, plutôt que la laisser nous creuser dans le silence. Le (faux) coupable raconte la (vraie) victime. Quand la révolte se soulève pour empêcher de banaliser l'erreur, incriminant l'autre, on se déteste. Maladroite et vaine résistance pour ne pas revivre ce qui fit doublement souffrir pour avoir été emmuré.

La perte et le manque

Il ne lit pas le livre, elle a perdu la montre et ne porte pas le collier que je lui ai offerts… Mon frère a oublié mon anniversaire et ma marraine de téléphoner.

Un engagement rompu, le retard d'une amie, une promesse non tenue, le sentiment d'abandon se greffe sur la moindre perte. Multiples, ses avatars prolifèrent et sous leur impulsion on perd un peu la raison. Avec rage ou colère, récriminations, bouderies ou distraction, à chacun sa nature dont la révolte parfois suffirait à justifier l'abandon !

L'enfant abandonné qui se fond en caprices passé quarante ans ou « le bébé » dont la plainte lui aliène ses enfants ne sont guère émouvants. Qui se lamente le mieux n'est pas le plus abandonné. Même justifié, un sincère désespoir peut être désespérant. S'auto-alimentant, aussi longtemps qu'il n'est pris en considération, le sentiment d'abandon agit comme une puissance toxique aux effets secondaires aussi désastreux que ce qui l'a occasionné. Il s'installe et, cherchant à s'exprimer, convoque la répétition.

« J'ai perdu mon téléphone. Ma voiture, on me l'a volée. Qui a pris mes clefs, elles étaient là… »

Sous l'emprise de la détresse, on suspecte « l'autre » de nous avoir subtilisé ce dont la perte nous émeut. Perdre sans cesse quelque chose ou avoir peur de le perdre maintient dans l'attachement et exprime la difficulté de se séparer dans la crainte d'être (r)abandonné. Séquelle d'un abandon symbolique passé inaperçu, entre réflexe conditionné et instinct de défense archaïque, l'angoisse de répétition agit comme une toxine. Crainte anticipatrice pour parer au danger de l'absence (de forces), le sujet (pré)voyant le mal en permanence, perpétue le climat d'alerte inauguré en son enfance. Fragilisant les rapports, perturbant l'équilibre, il risque de susciter perte ou accident redoutés.

On perd quelque chose pour dire qu'il manque ou nous a manqué un père, une mère, de l'amour, un soutien. Pour (se) le rappeler, comme si rappeler le manque était une promesse de le combler. Une mère ne sachant l'apaiser ni encourager à le surmonter au contraire l'entretient, son ignorance rajoute du manque au manque parce que elle-même a vécu le manque. Ainsi certains phénomènes de dépendance « non maturante[1] » réveillent le sentiment d'abandon, à travers toutes sortes d'émotions décalées par rapport à la réalité de la situation supposée être vécue (par exemple quand l'affectif déborde sur les relations professionnelles). On se complaît auprès de figures maternelles (faussement) rassurantes : la voisine qui veille sur vous, la sœur possessive qui emprunte votre mari car elle jalouse votre plaisir, la bru que l'on veut protéger, la belle-mère qui vous adore mais dont on ne supporte pas le portrait… toutes sortes de personnalités que l'on n'aime pas, qui ne vous aiment pas mais avec lesquelles on entretient des rapports non de politesse mais affectifs et faussement affectueux, dans lesquels se ressource et se persuade le sentiment d'être mal-aimé.

En se réfugiant auprès d'elles, pour combler le vide en soi, on se place sous leur coupe, dans des dépendances secondaires : peur de blesser, de mal faire, d'être découvert… Crainte de dire non, de décevoir… d'être sans soutien. Toutes sortes d'appréhensions intériorisées, qui résultent de celle d'être (à nouveau) abandonné, mettent les relations sous tension et ne nous rendent guère aimables, contrairement à ce que nous croyons !

La crainte de revivre les affres d'une solitude précoce nous la fait rechercher comme pour s'en prouver la véracité, quand aucune trace de l'abandon subi n'est repérable pour le prouver. Démonter les mécanismes qui y ont mené, dénouer les blocages qui maintiennent sous la

1. Les nourritures affectives ou alimentaires maturantes sont celles qui participent au développement en autorisant détachement naturel et indépendance.

tutelle des figures de l'abandon et perturbent le fonctionnement relationnel général à soi-même et aux autres, participe au rétablissement d'une bonne circulation affective. Quand un petit goût de je ne sais quoi plutôt câlin confère un brin de nostalgie aux séparations les plus anodines, le sentiment d'abandon agit comme un charme qui agrémente la vie de piment malicieux ou de touches enfantines. Mais lorsqu'il n'est de départ dont le goût amer, source de tensions, ne dégénère en scènes dramatiques, il est naturel de chercher à comprendre pour l'éclaircir ce qui entrave une progression.

DEUXIÈME PARTIE

Traces, héritage et paradis perdu

Chapitre 1

Le malentendu

La plus belle chose que nous puissions éprouver, c'est le côté mystérieux de la vie. C'est le sentiment profond qui se trouve au berceau de l'art et de la science véritable.
La Nature cache ses secrets par supériorité intrinsèque, mais non par ruse.
Albert Einstein.

La conspiration du silence

De même qu'une guerre peut faire éclater un couple, une délocalisation, une obligation de voyage, un déplacement imprévu ou l'accident banal peuvent modifier de façon brutale une cellule familiale. Disparition, mort, maladie, parfois naissance exacerbent les sentiments de solitude. Crise ou ordinaire, ce qui occasionne une absence est susceptible de mettre en cause de vitales relations. Source de perturbations potentielles – et pour celui qui reste et pour celui qui part – sans qu'elles s'affichent toujours comme des abandons, la vie met face à des situations qui en laissent planer le spectre et se fixeront dans les mémoires en ces termes.

La douleur est souvent affaire de détails auxquels s'adjoint un autre détail qui souligne une faille. Troubles, erreurs, dissimulations anodines s'ajoutent les uns aux autres, s'enchaînent et enchaînent. Et l'enfant, qui fera l'objet d'un secret ou d'un silence, se sentira par force abandonné. Être tenu à l'écart d'un dit ou d'un fait laisse entendre qu'il n'est pas digne de le partager. Plus encore si le silence autour de lui laisse planer un doute sur ses origines, ou sous-entend une faute dont il serait le fruit ou l'auteur.

On est attaché à ceux que l'on aime (aussi) en raison de leur(s) faute(s). Nous nous rendons tributaires de ces fautes (comme) pour ne pas se trahir en trahissant qui on aime. Dilemme. Abandonner qui a fauté ? Se désolidariser de sa faute sans l'abandonner ? Comment faire quand on est le fruit supposé de la faute de qui est censé nous aimer ?

Une mère qui a « fauté », un père qui a trahi, un parent accusé, sont des drames aux conséquences d'autant plus tristes qu'une famille les étouffe de crainte que la honte ne l'entache. Silence et consensus sont de véritables tortures pour l'enfant, quand ils servent à l'exclure. Ou quand ils lui sont *suffisamment* révélés pour qu'il en soit perturbé et *trop peu* pour qu'il puisse les aborder avec son intelligence. « Ce n'est pas la vérité qui importe, mais le manque d'amour » disait un chanteur, fruit d'une liaison entre une jeune Française de seize ans et un soldat allemand. Ce n'est pas la « vérité » (de ses origines) qui lui tenait à cœur mais les silences autour de lui qui, l'excluant de ce qui le concernait directement, faisaient effet de conspiration et lui communiquaient un sentiment d'indignité mutilante. À travers cris et chuchotements, non-dits et sous-entendus, ce qu'il devinait sans être autorisé à l'entendre était source d'encore plus de souffrance que ce qu'on lui dissimulait. La vie est histoire d'amour, qui se sent mal-aimé se sent abandonné, et inversement.

La mère coupable d'un acte délicat craint que l'on s'en prenne à l'enfant qu'elle porte ou qu'elle vient de mettre au monde. Trop jeune, elle ne sait faire la distinction entre elle et son enfant. L'instinct de survie la pousse à (se) dissimuler.

Parfois on se sépare d'un enfant pour le sauver, d'autre fois on le garde pour le protéger. Parfois on l'éloigne pour le préserver, parfois on l'éloigne pour se protéger. Entre la mère et l'enfant menacés étroit est le lien, quasi inexistante la différence. Ce qu'elle ressent, l'enfant le ressent. Et si la peur la domine, il les ressent toutes les deux, mère et peur, indifférenciées.

L'enfant qu'une mère éloigne, quelles qu'en soient les raisons, se demande ce qu'il a fait de mal pour qu'on le tienne à distance.

« Je suis méchante pour qu'on ne veuille plus de moi. Je suis sûrement détestable pour qu'on m'éloigne. » Ainsi l'enfant abandonné peut se rendre détestable comme pour être reconnu, comme pour être mieux aimé. Il est dur de se construire seul, de survivre aimable au fait d'être « non aimable ». L'habitude s'installe de se rendre détestable. Guerres sociales, guerres familiales, guerres conjugales, il n'y a pas de guerre sans guerre intestine. Et l'enfant de la guerre souffre la guerre bien après la guerre. À moins d'être le fruit sacré de l'amour, de la réconciliation. Ou celui de la résistance à l'avancée de l'ennemi.

Cependant, qui cède à la peur de l'ennemi s'abandonne (à l'ennemi) et l'enfant qui vient au monde porté par un sentiment d'inimitié est un enfant qui se sent abandonné. La peur mêlée à ses origines s'instille en lui comme un acte d'inimitié. Tandis qu'il n'a pas vécu la guerre en apparence, il a besoin de « guérir ses blessures de guerre » avant de pouvoir (s')aimer entier.

Thomas et Fanny vivent depuis dix ans une idylle sans orage. Soudain, une promotion sociale oblige Thomas à voyager et donc à s'absenter souvent. À la faveur de ces déplacements, Thomas revit l'absence de père dont il a souffert cruellement. À la fierté qu'il affiche correspond une secrète souffrance qui transparaît derrière de multiples actes manqués : perte de bagages, de numéros de téléphone et oubli de dates anniversaires. Il a besoin de se faire pardonner par sa fille, comme lui-même a cru bon de devoir pardonner à celui qui l'avait condamné à une souffrance interdite. Même pardonné, il ne peut que faire éclater son couple pour libérer sa souffrance et se punir de répéter ce qu'il avait subi, tout en restant fidèle au souvenir de son père idéalisé. Il ne lui reste plus qu'a se rendre toujours plus fautif comme il croit que son père l'était, en collectionnant les maîtresses sans y prendre plaisir. Une façon pour lui de mettre en cause les apparences pour tenter de saisir sa vérité de père.

Aussi longtemps qu'un processus de cicatrisation, de réparation, de compensation n'est entrepris, avec toute la délicatesse que demande un acte de chirurgie fine ou de haute couture, de renaissance, telle la restauration d'un chef-d'œuvre en péril, on ne peut attendre de l'enfant qui ne s'est senti aimé d'aimer. Nous sommes tous un petit peu des abandonnés(e)s, des mal-aimés, des mal-aimants.

Quand un traumatisme est venu troubler une naissance, il la compromet. Ce peut être une guerre, une maladie, la reviviscence (foudroyante) d'un mauvais souvenir, ou encore un décès que l'on veut effacer. Tout cela fait interférence, se dit ineffable à travers le silence. Tout cela est susceptible « d'inculquer de la souffrance », d'imprimer de la douleur à l'endroit du bonheur.

D'origine suspecte

« Qui est mon père ? Est-ce bien mon père ? Où est mon (vrai) père ? » Si à travers le doute ou l'inquiétude, c'est le plus souvent la paternité qui est mise en question, lorsque s'immisce un doute quant à ses origines, il ébranle et interroge aussi la qualité de ce qui relie l'enfant à la mère. Et le relie à la vie.

Qu'une mère l'ait porté et mis au monde ne suffit pas à l'assurer de l'amour qu'elle lui porte. « Qui est ma mère ? », se demande-t-il, surpris par la froideur, les assauts de colère ou l'indifférence de celle-ci… « Qui est ma mère ? » se demande-t-il quand il l'entend dénigrer l'homme avec qui elle l'a eu. « Pourquoi ses regards maudissent-ils ma présence ? De quelle nature est le désir qui a présidé à ma conception ? Pourquoi ce désir semble-t-il coupable et non celui qui a présidé à la conception de l'autre ? »

La maternité est relative. Son expression évolue avec les époques et les civilisations. Il n'y a de maternité-modèle à laquelle se conformer, mais la vie, qui à travers elle se transmet, ne triche pas.

Fruit délicieux de l'amour, l'humain se sent projeté avec bonheur dans la société dans laquelle il est appelé à évoluer, tandis que fruit interdit d'un secret, il s'y sentira tenu à l'écart.

On espère toujours résoudre le mystère que pose la question des origines. Quand les nôtres portent à confusion, le mystère (universel) des origines se transforme en « secret de l'origine » – avec tout le poids d'étrangeté que suppose un secret, et le mal-être dans lequel il implique celui qu'il exclut. Un doute porté sur sa naissance plonge dans la confusion celui sur lequel il se porte. Toutefois, la qualité des sentiments et l'authenticité de la relation parentale sont plus déterminantes que la réalité de l'origine.

Porté au cœur d'un adultère ou d'un inceste symboliques, l'être peut se sentir coupable en sa conception et entravé dans son autonomie. Un tel adultère peut être plus pesant et déstabilisant qu'un adultère révélé. Une femme qui conçoit un enfant en s'identifiant à sa mère pour l'évincer, ou dans les bras d'un père qu'elle veut séduire, ou encore dans ceux d'un amant alors qu'elle est dans ceux de son mari entretiendra une relation « douteuse » avec le fruit de ses amours inavouées et interdites.

Sans condamner à la douleur, un tel adultère se traduit en douloureuses et inhibantes interrogations pour l'enfant qui le subit, comme pour celui qui se vit objet de discorde parentale plus que sujet désiré.

Il s'avère que des enfants, nés d'un adultère mais supposés légitimes, bien accueillis par le père, atteignent la maturité avec plus de bonheur que leur frère supposé fruit illégitime d'une trahison conjugale. Rejeté par la suspicion paternelle, ce frère sera freiné dans son développement. Sa naissance difficile à assimiler sera propice à développer chez lui un sentiment d'abandon.

Conscient ou non, le désir de donner la vie crée la reconnaissance de l'enfant à venir, à la base de son sentiment de légitimité. En revanche, toute suspicion qui entache cette légitimité exacerbe le sentiment d'abandon. Elle fragilise l'enfant en même temps qu'elle l'invite à la méfiance là où d'autres feraient appel à une instinctive vigilance.

Le poids des mots

De même que la qualité d'un père ou d'une mère est aussi dépendante des propos que l'un tient sur l'autre et non seulement des gestes et paroles d'amour apparents, la qualité de parents adoptifs est dépendante des propos qu'ils tiendront sur les géniteurs de l'enfant qu'ils adoptent.

Contredisant l'acte d'amour ou d'hospitalité, le dénigrement entache la capacité à accueillir l'enfant et sape ses bases pour acquérir la liberté. Quand l'un discrédite l'autre, il se discrédite lui-même dans le cœur de l'enfant et laisse s'infiltrer un sentiment d'inimitié dans la relation que l'enfant entretiendra au monde. Hypothéquant sa stabilité, semant le doute, il compromet son aptitude à l'hospitalité. L'impression d'être sans cesse menacé, là où il est dit protégé, pourra être pour lui source de tensions, de tiraillements et de tourments ultérieurs (enfouis) le condamnant à une solitude propice aux sentiments d'exclusion.

Rien de plus déstabilisant que d'entendre quelqu'un qui prétend vouloir votre bien médire de vos parents. Tout discrédit porté sur l'un des parents procure un sentiment d'injustice. Une ombre portée sur la paternité finit par planer à son tour sur ce qui agit en elle au nom de la maternité.

Le secret des grands-parents comblés, c'est qu'ils font du bien à leurs petits-enfants, en les acceptant mieux que *ne semblent* les accepter leurs parents, sur lesquels ils ne portent jamais la moindre attaque. Seul un enfant aurait le droit pour se construire de s'entraîner à dénigrer ses parents… le temps de s'en détacher !

Briser la glace

Quand la personne sur laquelle il croyait pouvoir compter se dérobe, comme le germe d'une douleur lancinante pointe la plainte du mal-aimé qui se grave dans le silence pour l'interroger : « Pourquoi m'a-t-on oublié… ? »

Coupable pour un oui pour un non, coupable d'exister, coupable de n'être que soi, de n'être rien (sinon trop), le mal-aimé se reprochera tout, même de tomber malade… à s'en rendre malade ! Comment exister face à un père ou une mère qui assignent à l'inexistence ? Comment se résigner ou ne pas se résigner quand à l'amour se substituent froideur, mépris ou indifférence ?

L'abandon affectif, qui ne dépend des conditions ni matérielles ni financières accordées à « l'abandonné », confère un réel manque (de confiance en soi) qui se traduit par baisses de tension et vagues de dépréciation. Sensations de disparition, fuites, glaciations qui parfois se transforment de velléité en volonté d'à son tour disparaître ou faire souffrir… Passages à vide, accès de timidité… On préférerait, sans savoir le faire, savoir mieux lutter, sans artifice ni béquille.

Il est difficile pour un enfant de renoncer à capter l'attention de parents qui se « manifestent par défaut ».

L'un mendiera l'affection, on le dira collant. L'autre accrochera par le sourire et sera déclaré attachant. Un troisième se fera désobéissant pour appeler à l'ordre et à l'attention, au confort et au réconfort, tenter d'asseoir un sentiment de sécurité intérieure. *Mal dans sa peau* ou se faisant du *mauvais sang*, le quatrième se mettra en danger pour mettre la santé en question et l'amour en interrogation. Un autre encore, sceptique sur la nécessité de transmettre la vie, se rigidifiera, niera ne pas avoir été aimé et, tout en s'avouant incapable d'aimer, idéalisera son enfance et se désintéressera des enfants… Tous, malgré leur désir souffriront, faute de savoir ce que cela veut dire, de ne pas parvenir à aimer. Pris à leur tour entre désir et incapacité, ils accepteront avec froideur compliments, propos flatteurs et cadeaux, comme allergiques aux mouvements de tendresse qui leur rappelleraient celle dont ils furent privés.

Un besoin (vital) laissé en suspens par indifférence ou impuissance, sadisme ou ignorance, quelle qu'en soit la raison, maintient l'enfant devenu adulte dans la dépendance et la fragilité émotive ; l'incapacité de se projeter ailleurs. Soumis à l'insatisfaction, le besoin (parental) reste d'autant plus criant.

Qui a souffert (à son insu) de ne recevoir l'essentiel, aussi longtemps qu'il ne renonce à exister, existe d'abord par cette privation autour de laquelle il a dû apprendre à se constituer. Ce fut souvent celle de vérité… Comment l'entendre ? Comment le dire, comment la dire ? Comment se l'entendre dire ? Peut-on s'y résigner ?

Comment recevoir le mensonge qui, simulant la présence, dissimule la vérité, la déforme, dans un rapport à l'autre et à soi-même inconfortable car inexprimable ?

Comme le secret qui exile, certains silences suffisent à laisser entendre que la vérité est niée. Ils entachent la vie, l'emplissent de dénis.

L'enfant, pour se structurer, a besoin de se sentir aimable, de regards qui confortent son désir de grandir, de vérités pour se construire, tout comme l'étudiant plus tard se sentira mieux armé si un professeur le rassure sur ses capacités, ses options, ses goûts, sans tricher dans l'intention. Mais pour entendre, prendre et comprendre cette réassurance, encore faut-il que, enfant, il se soit déjà senti aimé, désiré, soutenu, faute de quoi cette réassurance se dilapidera en fumée.

Quand la privation s'attaque à l'essentiel à travers l'indifférence, quand la présence maternelle n'est que formelle ou sans cesse démentie, s'aimer sans se dénier semble irréalisable.

trop aimé

.nour, trop de protection – tout aussi problématiques – refléte- ,ouvent la fragilité d'un lien, sa mise en péril, réelle ou fantasmatiqu .

Toute exigence de perfection étouffe. Comment être l'objet irréprochable d'un amour parfait ? Comment répondre à une attention de tout instant ? Être autre et plus que l'on est pour rassurer ? Parfait pour ne plus inquiéter, parfait pour devancer tous les dangers... Toute exigence de perfection dissimule une crainte sous-tendue d'imperfection : celle de sa révélation et des contrecoups sociaux qu'impliquerait cette révélation.

Comment se conformer au désir maternel, auquel par son silence le père consent, quand on a besoin de réconfort ? Comment être plus (que la fille, le fils, l'enfant) pour apaiser ses parents ?

« Tu m'as fait manquer » était-il coutume de dire, dans le sud de la France, à l'enfant dont la conduite avait fait honte au parent qui le sermonnait... sans qu'il ne comprenne en quoi son ignorance sur un sujet qu'il ne connaissait pas aurait pu éveiller la honte. « Tu as réveillé un manque essentiel en moi, je ne sais lequel », peut-on entendre derrière cette phrase énigmatique dont l'enfant ne retient que le ton de reproche sur lequel on l'enjoint d'être parfait pour mériter l'amour parfait. Correspondre à une image de perfection, inimaginable car elle ne repose sur rien si ce n'est un désir parental inconscient d'être accepté, et la crainte de ne pas être parfait, est un pari épuisant à relever pour l'enfant.

Tout drame repose sur un malentendu. Un amour excessif est entendu comme une demande excessive d'amour excessif, épuisante, car faisant appel à des ressources que l'enfant n'a pas (encore). Il ne peut aimer plus qu'on l'aime. Qu'une demande, au-delà de ses capacités, lui soit adressée et il se sent « zappé », vidé de sa substance bien au-delà des apparences. Ce que l'on voit en lui, ce qu'on attend de lui, ce que l'on projette sur lui, l'envahit et il se sent hors sujet des discours dont il (n')est (que) l'objet (d'intrusion).

À l'excès qui le déroute, l'enfant ne peut répondre que par l'excès, et tandis qu'il semble resplendissant d'amour et de vitalité, peu à peu, il perd pied et parfois contenance – forçant l'indifférence pour survivre en s'insensibilisant à cet excès de sollicitations dont il est l'objet.

Attentions, cadeaux, prévenances en avalanche étouffent plus qu'ils ne communiquent l'envie d'agir ou le désir d'exister. Sous leur poids, l'enfant se sent autant abandonné que celui qui en a été privé. Le vide est nécessaire pour se sentir vibrer, laisser s'éveiller la nécessité de se mettre en mouvement, faire naître des émotions indépendantes de celles que soulèvent – entre besoin et nécessité, projection et identification – les relations filiales.

Les raisons de « trop aimer » ne sont pas simples. La logique de l'inconscient n'est pas celle de l'ordinaire. Être attentif à ce qui nous motive semble irréalisable sans le droit de se dire autrement que par des remerciements et l'obligation de se conformer à la demande.

Le trop d'amour témoigne souvent d'une incapacité à aimer que l'enfant ressent. On n'aime jamais trop. On aime souvent mal. Et lorsque l'on aime trop c'est souvent un autre que l'on vénère ou exècre à travers celui que l'on veut convaincre de notre amour. À tout âge, du nourrisson à l'adulte, celui qui sent d'instinct qu'à travers lui, mais à son insu, se cultive le souvenir d'un autre – décédé, honni et idolâtré – se sent mal à l'aise, tel un revenant dans une peau qui ne serait pas la sienne.

Trop d'amour veut souvent dire trop de manifestations affectueuses, trop de prévenance. On est loin de l'amour qui aime aussi pour exprimer silence et patience et ne sait se conjuguer avec excès.

Quand le trop-plein ne lui laisse de place, il rend le vide plus redoutable. Pour que le vide se vive bien, il faut l'alterner avec le plein. Substituer l'un à l'autre, et fausser ainsi les besoins, altérerait les désirs. Nous avons tous besoin de manger à notre faim. Ni plus ni moins.

Le trop d'amour est l'effet d'un père (trop) absent, comme tenu de fuir, et d'une mère (trop) possessive qui, dans son isolement, ne conçoit pas l'enfant, au mieux, en dehors de son champ de mire et d'émotions, au pire de son champ de tir. Enjeu de jouissance ou de privation, l'enfant est perdu sous l'impression de ne pas être qui il devrait être pour « mériter » de simples parents qui n'exerceraient ni tyrannie inconsciente ni sollicitations démesurées.

La souffrance liée au sentiment d'abandon – par excès ou par manque d'amour – pose la question du deuil et de la douleur, du sens que peut revêtir une naissance, du rôle dont le nouveau-né est investi par sa famille.

Invisibles sévices

Par le cri l'enfant émet son sentiment d'appartenir (encore) à la communauté. Il rappelle son lien à l'être qui l'a mis au monde, auquel il tient, auquel il a besoin d'(appar)tenir aussi longtemps qu'il ne s'est assuré les moyens de l'autonomie.

Parfois, on s'attache par la haine à qui ne nous a pas aimé. Est-ce une façon de ne pas se résoudre à ne pas l'avoir été, une façon paradoxale de lui dire que l'on aimerait l'aimer ?

Élevé « dans l'indifférence », est-il plus difficile de se résoudre à la séparation ? Gifles et caresses, cris et baisers, cadeaux, récompenses et punitions sont visibles… mais fiel, mépris, rancœur, brimades, dénis, promesses non tenues, départs imprévus, attentes toujours remises au lendemain, déceptions programmées sont d'invisibles sévices qui marquent en profondeur sans laisser de traces en apparence.

Dans un monde adulte, où la représentation tient peu compte de la complexité de la sensibilité enfantine, le langage académique, peu propice aux nuances de l'affectivité, a tendance à substituer le correct à l'aimé, le tu au dit, le poli à l'aimable, l'efficace au bénéfique... L'enfant qui n'a de place dans le langage des adultes peine à se retrouver.

Échappant à toute vérité officielle, il cherche alors une vérité (acceptable) pour se dire, à travers révolte ou création, tel un langage développé en marge pour donner à entendre l'irrecevable : cris de douleur et cris de résistance à la douleur en ultime message pour raviver une communication dégénérescente.

Écartelé entre un monde où il ne se sent pas exister et un autre où il est obligé d'exister, un monde (maternel) qui le refuse en ne lui accordant pas droit de cité et un autre qui ne le comprend pas, « l'inconscient » ne trouve d'autres mots pour se dire, forcer à fléchir et réfléchir, se faire entendre de qui ne sait entendre. Le cri, la révolte, la rébellion de l'abandonné, sans toujours se transformer en chanson, tentent de contrer les forces de ségrégation.

Théo, 8 ans, est buté, silencieux, il écoute, regarde autour de lui, hausse les épaules, lève les yeux au ciel. À peine est-il arrivé que déjà il soupire « bon on y va, quand est-ce qu'on y va, on y va ! ». Sa mère lui rappelle qu'elle est là pour lui et il semble ne pas être concerné.

« Enfant brouillon, peu courageux, ne sait pas se tenir, ne fait aucun effort... » Sa mère est désolée et rappelle aussitôt les appréciations de l'année précédente : « enfant brillant, sensible, très éveillé pour son âge... »

Théo regarde sa mère, tantôt méchant tantôt protecteur ; entre tous ces qualificatifs il ne se reconnaît pas et cherche à se faire entendre par sa conduite répréhensible qui a conduit ses parents à consulter. Au bout de quelques séances ses parents lui ont raconté leur histoire d'enfants rejetés, mal-aimés, cette histoire qui l'habitait et dont il n'avait jamais entendu parlé. Cessant de souffrir à la place de ses parents, il s'est senti mieux compris et n'a plus cherché à se conformer aux mauvaises appréciations de son carnet scolaire, ni plus éprouvé le besoin de réconforter sa mère en correspondant aux éloges pour lui tout aussi trompeurs. La crise qu'il avait déclenchée était un appel au secours pour dire à des parents qui l'aimaient son incapacité à les prendre en charge. Et la charge ingérable que leur souffrance étouffée représentait pour lui.

L'enfant qui se sent compris se sent en vie. Apprendre à entendre et comprendre son cri, lui communiquant ce sentiment, le fait vibrer du désir de trouver hors de lui les réponses à ce cri. Sa demande de réponse est moindre que celle d'avoir le droit de ne pas savoir. Le droit à l'indépendance malgré la faiblesse de l'autonomie, le droit de ne pas être parfait, de ne pas devoir toujours plus donner, de ne pas être qu'objet de jouissance pour devenir sujet (en vie). Apprendre à se détacher de l'image idéale à laquelle on demande à ses enfants de correspondre, à travers projections et identifications, est vital pour éviter de basculer dans l'irréparable et être, ce faisant, condamné à une incommunicable solitude.

Comment ne pas projeter son sentiment d'abandon sur ses enfants, comment ne pas leur demander d'apaiser sa crainte d'être abandonné et les sentiments complexes qu'éveille la souffrance de l'avoir été ? Comment ne pas faire dépendre notre jouissance de leur présence ? Comment ne pas les rendre, à notre tour, dépendants de nos absences ? Comment leur communiquer le goût du vide pour créer du plein sans qu'il soit associé au vertige du manque ?

L'enfant dont la mère n'arrive pas à se séparer dans la décence ne peut se séparer aimablement. Soit, feignant d'être adulte sans pouvoir le devenir, il reste dans une dépendance affective puérile, soit il se révèle, en se démarquant, à travers des actes douloureux pour sa mère, qui tendent à le faire rejeter (choix de carrière en porte-à-faux avec les convictions et l'éducation maternelles, mariage en contradiction avec les aspirations parentales ou tout autre choix choquant par définition et nécessité).

Chapitre 2

Cris du cœur et mots du corps

Les symptômes de l'admiration et du plaisir viennent se mêler sur mon visage avec ceux de la joie.
Diderot.

Quand l'indicible fait signe

Consécutif à une séparation vécue dans la détresse, le sentiment d'abandon, refoulé, opprimé, interdit d'expression par soi-même ou l'entourage, tendra à se manifester sous une forme secondaire – le symptôme.

Réflexe de défense, le symptôme traduit toutes sortes de peurs qui s'entremêlent pour s'inscrire dans le corps – qu'elles bloquent –, ou transparaître dans la gestuelle – qu'elles crispent. Le symptôme résulte d'une suite de dysfonctionnements négligeables ou négligés, non repérés, non résolus, qui finissent par faire ombrage à un organisme. Étymologiquement, le symptôme est « ce qui tombe avec, qui accompagne », comme pour le raconter, un phénomène ou un ensemble de phénomènes. Il met en lumière une manifestation qui fait sens, sans que l'on sache *a priori* lequel. Dans un contexte inattendu. Les sentiments qui s'agitent dans l'ombre, se manifestant de façon souvent imprévisible, ce que leurs signes révèlent reste souvent énigmatique !

« Caractère perceptible ou observable lié à un état ou à une évolution qu'il permet de déceler[1] » le symptôme est révélateur d'une maladie ou d'une crise latente. Il est comme la preuve d'une souffrance qui n'a pas été reconnue en son temps. Mémoire du corps qui n'a de mots pour se dire, il raconte l'ineffable. C'est dans ce qui a dû être oublié ou étouffé qu'il se forge. Comme un barrage naturel ou un nœud dans le bois.

Ce qu'il étouffe ne peut s'effacer sans savoir été pensé. Pour prouver un abandon on peut se « transcrire » en cri et en crise... jusqu'à se briser les cordes vocales, mais une fois les cordes brisées on se sent encore plus abandonné... Non seulement on souffre de ce dont on ne peut parler, mais l'on se demande pourquoi on ne peut en parler. Même si c'est évident, cette évidence n'est pas justifiable en regard du poids du silence auquel on se sent acculé. Le silence forcé s'accompagne toujours d'une dose de culpabilité : « Qu'ai-je fait de mal qui ne soit pas digne d'être révélé... ? » Ne pas pouvoir *mettre à jour* équivaut à un interdit d'exister au grand jour. C'est ainsi que la douleur enfle... Plus on l'étouffe, mieux on la cache, plus elle se fait cuisante. L'âme n'aime pas être jugulée.

1. Condensé de la définition du *Petit Robert*.

Quand le symptôme inquiète, il est rassurant de le nommer... Mais l'enfermer dans un mot prive parfois de la liberté de se soigner... Surgissant la plupart du temps à un carrefour où se bousculent plusieurs émotions contradictoires, le symptôme agit à la fois comme une alarme et un obstacle. Ou un indicateur de pistes qui invite à s'interroger, pour mieux se vivre, se comprendre et se sentir compris.

Ce qui se passe n'est pas ce qui se dit. La vérité de l'un n'est pas celle de l'autre, et quand elle peine à se dire, elle fait « symptôme ». « Je me sens abandonné » laissent transparaître les gestes et les propos de l'enfant choyé. Et comme personne ne le croit, sa solitude s'intensifie et cherche à se faire entendre par d'autres voix... Celles de l'inconscient sont plurielles, et leur logique souvent contradictoire. Tant que la vie est plus forte que les sentiments qui tendent à la démentir, elles s'entêtent à se faire entendre. *On ne souffre pas pour rien*... Le travail de l'analyse encourage à découvrir le pour quoi l'on souffre et qui, depuis l'inconscient, cherche à se dire à travers le corps.

Le langage de l'anxiété

Nous ne sommes pas tous des malades, mais nous nous exprimons tous plus ou moins par la douleur qui naît de l'impossibilité à se dire autrement. Comme le nourrisson qui ne peut se dire que par des cris, l'adulte qu'il est devenu a recours à des langages parallèles pour faire entendre ce qui ne peut être compris par le langage commun. Certaines charges émotionnelles ou affectives qui ne pourraient se dire qu'en criant ont besoin de se dire même lorsque le cri n'est plus autorisé. Tant que l'on se sent vivant on ne renonce pas à se faire entendre autrement.

Catherine a 38 ans. Sa crainte d'être abandonnée s'est réveillée lors d'un voyage chez sa belle-mère dont elle revient souffrant d'un urticaire semblable à celui qui, périodiquement, recouvrait son corps d'enfant. Que la belle-mère profite d'un contretemps de son fils pour traiter sa bru comme une intruse a suffi à réveiller chez Catherine l'angoisse d'être seule sans pouvoir se confier à son mari, tout comme enfant elle ne pouvait rien dire à son père des brimades et tortures mentales que sa mère lui infligeait. Ce souvenir enfoui réveille son anxiété à la moindre occasion où sa sincérité est mise en danger. Voulant dissimuler sa souffrance à son mari de crainte de le perdre, Catherine ne pouvait s'empêcher de l'exprimer autrement.

Ce qui n'est pas pris en compte par les mots s'exprimera par des maux. Maladies et malaises sont destinés à se faire entendre pour *être dissipés.* Apprendre à les décoder permet de ne pas se laisser handicaper. Quand le désarroi pointe « sans que l'on sache pourquoi », immense et ténébreux, on se met en tristesse, avec ou sans colère…

« Il ne m'a pas appelée… Elle est en retard… Il me trompe. Je suis sûr qu'un accident est arrivé… Il ne m'aime plus… Elle me préfère l'autre… Et si j'avais tout inventé… S'il ne m'avait jamais aimée… Il m'a oubliée… Je n'ai jamais compté pour elle… Il ne viendra plus… »

Le brouillard sévit jusqu'à ce que la sonnerie retentisse. Deux minutes de retard suffisent à faire imaginer le pire… Un imprévu, un contretemps, une absence, on comble le vide dans la crainte de l'indifférence. Pour continuer à exister ? On se convainc que l'on n'existe plus. On remplit le vide de rien et à la première contrariété on convertit le positif en négatif… Et pour dire sa terreur, comme sans raison on gémit, on s'évanouit, on pleure, on pousse des hurlements.

Il n'y a pas de fumée sans feu.

« J'ai toujours peur d'avoir une bonne raison de m'inquiéter, c'est ce qui m'empêche de dormir, et pourtant il ne se passe jamais rien. » On peut penser qu'il s'est passé un jour quelque chose qui est venu perturber son sommeil. Il faut savoir doucement laisser remonter la légitimité de la crainte que rien aujourd'hui ne semble justifier.

Comprendre son symptôme

« Personne ne m'aime. Pourquoi m'ont-ils abandonné ? se demande l'enfant brimé qui se rebelle, tous des nuls n'importe quoi ! »

Phobies, manque de concentration, repli sur soi, perte de l'appétit… cauchemar, perte de courage ou peur de perdre courage… baisse de régime… Si la rentrée des classes représente pour certains une porte ouverte sur un nouveau monde, elle n'est pour d'autres qu'accès aux idées noires et concentration impossible.

Perte d'appétit, insomnie… Un divorce ou un licenciement ravivant des émois passés sous silence lors d'une séparation *mal menée et malmenante*, leur gravité est proportionnelle à ce qu'ils réactivent. La reviviscence de la perte inattendue, et qui nous sembla injuste, d'un être cher nous plonge dans des états dépressifs. Quand la tristesse submerge, installant un sentiment d'incommunicabilité, l'entourage se sent impuissant. Quant aux médicaments, substituts provisoires pour éviter l'irréparable, ils apaisent dans l'immédiat mais restent inopérants lorsqu'il s'agit de résoudre ce qui déclencha la difficulté à se vivre. Le recours à l'artifice à long terme n'est guère revitalisant.

L'incompréhension aggravant le trouble, comprendre ce qui se joue lorsque les forces lâchent ou que se réactivent des conflits sous-jacents permet d'apaiser la douleur avant qu'elle ne squatte notre intérieur !

Les maux du corps et du cœur nous rappellent à nos dépendances, à notre impossibilité d'agir, en même temps qu'ils en soulignent le désir. Nul ne prend plaisir à l'impuissance, et le désir se manifeste encore derrière son contraire. Le regret de ne pouvoir faire nous dit combien nous aurions aimé le faire et nous désole de n'avoir pas pu… Pourquoi tant d'espérances bafouées ? Pourquoi sommes-nous retenus ici quand le cœur nous entraîne là-bas ? La fracture du fémur à peine les skis chaussés, l'allergie au soleil qui surgit au moment de partir à la plage… et voilà nos projets partis en fumée.

Le mal de vivre se traduit aussi dans le corps de différentes manières qui lui permettent de s'exprimer… de tenter de sortir. Il faut alors se demander si nous avions vraiment envie de skier et, si oui, ce qui nous en a *vraiment* empêché.

Ces contradictions sont le propre de l'enfance : comment être à la fois autonome et entièrement protégé, comment survivre à une ancestrale dépendance et à la difficulté de se séparer.

Il ne s'agit pas de plaquer une explication faussement rationnelle, mais d'entendre ce qui fait sens chez celui qui vit ces contradictions. Quand on redoute de tout perdre, tout le temps, au point de se sentir perdu sans l'objet que l'on redoute de perdre… jusqu'à le perdre… prendre conscience de ses motivations inconscientes aide à trouver, pour soi, le sens de ce qui pour l'autre n'en a pas.

Pertes compulsives ou répétitives sont là pour (lui) signaler une perte essentielle et originale (personnelle à l'origine). Quand plutôt que de les fuir on cherche à s'en saisir, la perte et son objet deviennent alors moins un handicap qu'un centre d'intérêt et une source de progression.

Tout symptôme compris a un effet de soulagement, tout symptôme résolu est source d'apaisement.

Ainsi, force d'inertie et attente immobile – qui confinent à la paralysie parce que l'on se trouve dans l'incapacité de se mouvoir – sont souvent le fait de qui, incapable de se résigner à l'idée d'avoir été abandonné, espère inconsciemment reconquérir le cœur (maternant) de qui les a laissé tomber. C'est une façon de ne pas se résigner à la souffrance qu'induit la perte (d'amour) quand elle se dit harassante.

Quand, au moment d'une séparation, a été ressentie l'impression de perdre ou de ne pas avoir les moyens, d'être ou d'avoir été abusé, on la rejoue pour tenter de dire en quoi, dans notre développement, elle fit accident. Tics et tocs peuvent s'installer pour formuler, par la répétition, mal-être et désir de perfection quand seule celle-ci aurait autorisé une séparation décente en empêchant « l'accident » qui survint durant l'absence. À chacun de se saisir du sens.

Le sens du symptôme

Un rendez-vous attendu et… s'impose une sensation d'insuffisance. Fébrilité, tremblement, inquiétude soudaine et inopportune… annoncent que les forces vont nous manquer pour affronter l'avenir dont la perspective, désormais redoutable, persuade que nous ne sommes pas qui nous aurions été si nous avions été mieux aimé.

Ça n'a peut-être rien à voir avec la réalité, mais c'est notre réalité du moment… On se sent insuffisant… avec un poids, un creux plutôt, dans le ventre… l'un et l'autre aussi troublants que débordants ! Comment faire appel (au secours) à des forces supplémentaires ? Survient alors la maladie ou l'accident… symptômes pour tenter de se faire aimer comme on aurait aimé l'être jadis pour se sentir exister. Sans réponse, la détresse s'entête, l'accident se répète.

La peur de manquer de temps, d'argent, de nourriture est aussi l'expression fantasmatique actuelle d'un manque réel (d'amour) par le passé, que l'on ait vraiment trop peu reçu, ou que l'on ait reçu plus de charges et de décharges émotionnelles que de simples aliments. On garde « on ne sait quoi » de crainte de n'avoir « on ne sait quoi ». L'inconscient, en matière d'assurance et de réassurance, ne connaît que ce qui a été perçu dans la toute petite enfance. La peur de perdre indique bien souvent la perte partielle mais prématurée de ce qui maintenait en vie, perte que rien n'est venu compenser. Peur latente et diffuse d'être à nouveau trahi, elle prend sa source en une expérience précoce redoutable. Lorsque l'imagination du pire des scénarios s'impose, ce n'est pas parce que nous le souhaitons, mais parce que ce qui se rejoue au moment où se produit cette imagination rappelle qu'un jour le pire est advenu. L'imaginer tel un épouvantail à fuir est une façon de se protéger pour empêcher qu'il n'advienne à nouveau. *Pourquoi,* plutôt que d'y renoncer, s'accroche-t-on à ce qui blesse ? Quand la douleur tire en arrière, pourquoi est-il si difficile d'abandonner qui nous abandonne ?

Quand délaissé, on est tenté de ne vivre que de douleur, il est vital d'éviter d'enfermer et de s'enfermer dans la souffrance et l'incommunicabilité, de tenter de dénouer causes et effets, au sein d'une relation, de ce qui, source de dysfonctionnement, entre en résonance avec le passé de l'un et de l'autre. Chacun, en effet, a son histoire, sa personnalité, son environnement spécifique, et l'on sait bien que l'on ne peut refaire le passé, ni réparer l'irréparable.

La douleur s'incruste sans s'avouer comme une seconde nature. Elle agence un nouveau type de fonctionnement qui détrône l'original, auquel elle se substitue. D'un tempérament coléreux, à 60 ans on ne se guérit pas de soi-même, mais aimé et compris, on souffre moins de soi-même ! Colérique et tyrannique à 6 ans, on peut, bien compris, devenir moins dépendant de ce qui éveilla l'indicible souffrance et de l'effet que procure en miroir cette souffrance. Traces et bribes de sensations qui encombrent l'inconscient réveillent ensemble peur et douleur. Nous prenant par traîtrise, en écho à un abandon premier, on peut les entendre comme une invitation à se libérer de ce qui les a causées.

Une mère, puits et source de malheur, en prenant soin d'elle, peut (re)devenir source d'espérance… et promesse d'autonomie pour son enfant.

Il n'est de pire dépendance que les dépendances affectives. C'est au cœur de la relation mère-enfant, quand le père est absent, que germe le « problème » désolant.

Pour Freud, le symptôme est la tentative par le sujet de se guérir par la mémoire. Pour Adler, c'est le jargon des organes. Quoi qu'il en soit, c'est une tentative pour soi, sujet, de se faire entendre, de faire entendre ce qui se dit en soi de souffrance et de culpabilité, ou encore de souffrance due à la culpabilité.

Mémoire du corps, mémoire du cœur

Être témoin ou victime d'un accident, d'un crime, d'une folie ou de tout autre geste impensable, rien ne nous prépare à vivre une telle situation. On se sent d'autant plus perdu que l'on ne peut partager ce qui semble trop complexe ou compromettant. Rappelant une sensation première où les forces nous ont manqué de façon « impensable », la crainte de ne pouvoir supporter s'ajoute à la difficulté de le faire.

Une agression où l'on est sans soutien est vécue avec d'autant plus d'acuité qu'elle en rappelle une autre restée secrète. Qu'un chien soit agressif n'a rien de plaisant mais ne soulève aucune ambiguïté. Qu'une mère oublie de venir chercher son enfant à la sortie de l'école est ressenti comme une agression, qu'elle le raconte en riant devant lui en est une autre qui, se superposant à la précédente, participe à la confusion des sentiments.

Un bébé oublié par « inadvertance » dans son « moïse » un soir de fête garde d'ineffables traces de cette négligence. S'il ne se souvient pas de l'appartement dans lequel il fut oublié, son cœur et son corps se souviennent du vide, du noir, du silence... de l'impossible à dire, de la solitude et de son étrange résonance. Tout souvenir fait traces. La sensation d'être oublié s'est traduite en lui... Il aura beau se tordre de douleur, si la mère ne vient pas l'apaiser et lui faire comprendre qu'elle comprend la douleur qu'elle lui a occasionnée, qu'elle le regrette, la douleur du bébé restera lettre morte, sans pour autant renoncer à se faire entendre... Plus ou moins morbide car devenue désespérée, douleur fantomatique, injustifiée, elle se répétera et se répercutera de façon symptomatique.

Si rien ne vient atténuer « le drame », il restera enfant sous l'emprise de la crainte que ne se reproduise la première « agression irraisonnée » subie. Et dès que pointeront les prémices du sentiment d'abandon, il la remettra en scène dans diverses situations, comme sous l'effet d'une seconde personnalité, car en apparence, il aura oublié ce qui reste dans la mémoire consciente parentale comme un incident anecdotique. Sans gravité.

Quand un manque de soutien de type maternel est inscrit dans la sensibilité, toute situation est susceptible de le remettre en scène, de façon irrationnelle pour le commun des mortels. La relation archaïque à la mère absente sous-tend l'établissement de relations ultérieures et les met en danger.

Chapitre 3

L'abandon en héritage

L'abandonnée abandonnante

Une mère bien portante est le plus souvent en bonne santé, une mère en bonne santé, bien portante, porte bien son enfant.

Un corps qui a connu prématurément le froid et la faim s'en souvient comme d'une sourde terreur… Et l'appréhension le réveille sitôt qu'il se retrouve en situation de manque. Sitôt qu'un événement, une émotion, le ramenant à cette première souffrance, en réactive la violence.

Une mère blessée en son enfance peut revivre ainsi l'abandon en de multiples occasions et en transmettre, à son insu, émotions et sensations. Chaque situation qui la fragilise et la met en infériorité est pour elle l'occasion de subir à nouveau un manque injuste et pénalisant. Happée par l'appréhension que ne se produise et reproduise l'accident, redoutant de lâcher ses enfants sans pouvoir les retrouver, elle prévient par anticipation la survenue de l'impensable impossible à supporter à nouveau, et toute à sa crainte, en convoque le fantôme pour s'entendre dire ce qu'elle craint, tout en ayant besoin de l'entendre dire. Telle mère réagira par une hyperanxiété paralysante, telle autre en emmenant ses enfants pour un oui pour un non chez le médecin – le « docteur », le savant, à qui elle suppose le pouvoir d'apaiser sa plainte par ses connaissances, ses présupposées vaillance et bienveillance. Douleur enfouie, douleur non-dite, douleur inouïe, elle multiplie les attachements... À travers l'enfant c'est sa détresse de mère qu'elle donne à entendre. L'entendre, en la soignant plutôt que l'enfant, peut l'aider à mieux prendre soin de ses enfants, sans plus se sentir obligée à consulter « sans raison » le médecin.

Comprendre en quoi une personne se sent abandonnée concourt à ce que, se sentant moins abandonnée, elle soit moins abandonnante. À travers son exigence de médicament, c'est la reconnaissance de sa douleur qu'elle espère.

Quand les pleurs d'une mère disent la souffrance qu'elle tait, dans l'espoir de s'en délivrer, quand désespérée, elle ne sait que se rigidifier pour ne pas s'effondrer, ignorant sa douleur, elle ignore qu'à travers gestes et pensées, c'est d'abord cette douleur qui se transmet aux enfants. Absorbée, à son insu, par la crainte qu'un malheur ne se reproduise, ses gestes tendres s'épuisent dans la souffrance étouffée qu'elle finit par contaminer.

Comme si s'interdisant une douleur, il ne lui restait qu'à la communiquer, à travers sa plainte, ses pleurs, ses multiples frayeurs. Un enfant, devant les larmes ou la peur (même étouffées) d'une maman se sent égaré et compense en jouant au papa ou à la maman (de sa maman) pour la réparer, la réchauffer, lui rendre les forces qui en un autre temps, à travers l'espoir, lui furent communiquées.

Transmission et naissance

Inscrit dans la mémoire affective et sensible, qu'événements et sensations à l'improviste réactivent, l'abandon se transmet de multiples façons. À travers soupirs et absences, des bribes en transparaissent au hasard d'une journée ou resurgissent comme une véritable révolution, à l'occasion d'une naissance.

La préhistoire rejaillit sur l'histoire face à tout ce qui se signifie comme menace d'absence ou d'exclusion. L'arrivée d'un nouveau-né réveille les sentiments oubliés. Réactualisant de vieilles douleurs, le nourrisson convoque bien malgré lui les fantômes de l'histoire : le deuxième enfant attendu avec ferveur rappelle soudain à la mère ce frère mort à la naissance, lui aussi le deuxième, juste avant elle, qui lui a « volé » place, oxygène, espace – dans le cœur de sa mère. À peine vécu sitôt disparu mais impossible à effacer. Dans sa crainte que l'histoire ne se répète, la mère se laisse aspirer par le souvenir de l'ancêtre. L'ombre portée du disparu assombrit alors l'horizon du nourrisson. Voilà que sur cet enfant qu'elle se promettait d'adorer, se projettent craintes et jalousies, rancœurs et amertumes qu'il se sent bientôt coupable d'avoir éveillées...

Peu s'en faut, pour que, enseveli sous le souvenir, le bébé ne cherche par tous les moyens à rappeler sa mère à la réalité, à l'attirer à lui, à lui faire entendre sa détresse, lui faire oublier le mort, la ramener du côté de la vie. Comme s'il se sentait hors de lui.

Peu s'en faut aussi que plus tard, s'il n'y est parvenu, il ne se souhaite mort plutôt que vivant pour être aimé au moins autant que l'oncle, le frère, le disparu, inconnu, décédé à peine né, plus existant mort dans le corps et le cœur de sa mère, que lui vivant.

Certains abandons maternels qui ne laissent de trace apparente marquent profondément. On croit ceux qui les ont vécus heureux, et pourtant…

Pour l'enfant, l'impression de manque se glisse dans un manque réel mais aussi en ce qui fait la différence entre un avant et un après et lui donne l'impression qu'on l'a laissé tomber. Si ce sentiment n'est pas démenti, si l'enfant se heurte au mépris, s'il lui apparaît que son impression est fondée, il se sent *vraiment* abandonné.

Percevant sa mère ailleurs, perdue en ses pensées, il peut créer un climat d'inquiétude pour vérifier la valeur de sa présence (à lui) par son maintien (à elle) en éveil… Angoisse de mort, angoisse de séparation, angoisse de perte sont intimement enchevêtrées. L'enfant, pour se sentir maintenu en vie, empêche sa mère de s'intéresser à autre que lui. Le temps de se sentir suffisamment exister. Caprices, bouderies, retards systématiques… enfermement dans des conduites mécaniques ou des automatismes protecteurs sont des échos – passagers s'ils sont assez tôt repérés – d'un besoin profond d'éveiller l'attention. Le petit dernier qui, à la naissance d'un frère ou d'une sœur, s'est senti délaissé par sa mère qui lui avait juré sans qu'il ne le lui ait rien demandé qu'il était son dernier bébé, devenu adulte, en oubliera de payer ses impôts, comme pour dire qu'il s'est senti « zappé », pour être rappelé à l'ordre et convaincu d'exister !

Fragilités parentales

À mère abandonnée père abandonnant ? Il n'est de transmission de sentiment, sans qu'il n'ait été subi un état qui a suscité ce sentiment, quelle qu'en soit la nature. Une femme qui se sent délaissée au quotidien, par père ou mari, peut devenir une mère fragilisée et fragilisante qui néglige un enfant. Sa solitude la rappelant à une solitude antérieure angoissante quand l'union conjugale des premiers jours et la maternité lui avaient communiqué en une bouffée de bonheur la sensation dont elle rêvait, d'être (enfin) comblée, (enfin bien) aimée, aimante, aimable et apaisée. Si en matière de transmission affective, le sentiment de sécurité de l'enfant incombe en grande part à la mère, on a tendance à négliger l'importance du père.

Appréhension de devenir père ? Certains don Juan « en mal de mère » délaissent leur femme pour courir les routes quand l'enfant paraît. Comment renoncer à un statut « d'éternel enfant » quand on n'a pu être tout à fait enfant ? Comment ne pas fuir, amant bien-aimé, sa paternité quand, petit garçon, on apprit à s'effacer, pour revêtir les apparences de l'homme d'une mère négligée par un père absent ?

Comment apprendre à ne pas projeter sa mère en sa compagne et à découvrir ses enfants ? Comment n'être pas jaloux de leur enfance pour cause de manque et de père abandonnant ? Comment faire acte de présence quand la figure du père a d'abord parlé par ses absences ?

Entre les guerres et les délocalisations, les possibilités de présence et de représentation paternelles structurantes ont été plus que souvent malmenées. De la nécessité de fuir une mère aimée mais étouffante, à celle de répondre à l'engagement social et professionnel, plus d'une occasion se présente de faire le volage. Si la présence physique n'est pas la garante de la présence morale, l'absence physique compromet la représentation symbolique, et va très souvent de pair avec une absence morale.

Entre l'incapacité à remplir un rôle (paternel), dont on n'a jamais entendu parler ni fait l'expérience, et la douleur de quitter l'enfance quand elle nous a trop vite quitté ou qu'elle a été marquée – à travers accidents et indisponibilités – par la présence du manque, comment interrompre la chaîne de ce qui se vit comme de l'indifférence ? Comment s'inscrire auprès de femme et enfant ? En quels termes ? Comment, père, ne pas communiquer à son enfant la sensation d'être et avoir été trahi, bousculé, en jouant l'enfant à la place de l'enfant ?

Fuir, (se) dissimuler, séduire... s'échapper ailleurs pour faire le pantin. Se poser auprès de la mère en rival de l'enfant. S'évader, faire l'important ou figure de garçon charmant, de conquérant, et quand l'enfant en appelle au père... être désemparé. Autant de faux-fuyants utilisés par le garçon devenu père sans avoir eu de parents, ni de tuteur suffisamment réconfortant pour avoir pu sentir naître ses propres limites au contact des siennes.

Quand le père disparaît, l'enfant est doublement pénalisé : par l'absence de figure paternelle, séparatrice et dispensatrice de repères ; par le poids, porté en lui, du mal-être maternel que ressent la femme esseulée...

Une mère délaissée jadis par un père (le sien), aujourd'hui par un autre (celui de ses enfants), est susceptible de communiquer son désarroi. Et face à une mère qui aspire à le retenir, ce n'est pas sans peine (ni parfois sans haine) que l'enfant tentera d'arracher son autonomie.

Fille ou garçon, livré à l'isolement maternel comme aux portes de l'enfer, être l'objet de consolation maternelle enjoint, bien prématurément, de renoncer à l'insouciance et au besoin d'être consolé à son tour. Ce genre de « transaction » se passe souvent dans une gaîté contrainte. Investi par sa maman, ravi, dans un premier temps, de se substituer au père, le garçon n'a pas conscience d'agir au détriment de son émancipation, de son épanouissement. Remettant l'enfance au lendemain, il lui faut la rejouer auprès de la mère de ses enfants…

Ses propres besoins enfantins non satisfaits ressortent le jour où, appelé à devenir parent, on se retrouve enfant face à « ses » enfants et à la difficulté de les assumer.

La responsabilité paternelle dans l'installation du sentiment d'abandon chez l'enfant est immense.

Une fille que son père laisse au pouvoir dépréciatif d'une mère dépressive est désemparée. Nourrie de détresse maternelle, sans soutien, tout en reprochant, furtivement, à son père de mal se conduire envers sa mère, elle ressentira le manque (de soutien) comme une atteinte impossible à nommer. Craignant de s'attirer l'hostilité de celui dont elle ne cesse d'espérer l'appui, elle désirera s'en attirer les faveurs, pour pouvoir, à défaut d'une mère, s'appuyer contre lui. Devenue femme, il n'est pas impossible qu'elle attende de son mari qu'il soit une bonne mère (et pour elle et pour ses enfants), tout en lui reprochant inconsciemment (comme s'il était son père) de ne pas avoir été là pour la sauver quand elle était enfant !

Un garçon, qui aura dû jouer à l'homme auprès d'une maman, pour la réconforter de l'absence de mari, tout en rêvant d'elle comme de la meilleure des mères, fera l'enfant auprès de sa femme sans accepter toujours qu'elle soit la maman de leurs enfants ! Ayant vécu sa mère abandonnée par le père, il attendra de sa femme qu'elle soit une bonne mère pour lui, sans crainte de l'abandonner, tout en négligeant le rôle de père (qu'il n'a pas eu).

Le tissage des liens entre parents et enfant est complexe. Ce qui se trame derrière le lissé des visages est une suite d'enchaînements invisibles qui, lorsqu'ils se font douloureux, hypothèquent bien souvent l'acquisition de l'autonomie.

De génération en génération

Un abandon gardé sur le cœur, surmonté et ignoré, peut se transmettre de génération en génération.

À travers les soins qui lui sont prodigués ou dont il est privé, par imprégnation et par mimétisme, l'enfant « hérite » des sentiments de ses parents ! Peurs intériorisées, désolation, sentiment d'infériorité accru et ancré le séparent des autres, compliquent son entrée en contact avec l'extérieur, et renforcent son isolement… L'enfant hérite de la fragilité parentale comme d'une indicible faille qui explique nombre de comportements… inexplicables. Entre une mère et son enfant, d'inconscient à inconscient, tout est affaire de détail. Les signes, les regards, les frissons, les respirations parlent davantage encore que les mots. Émotions et sentiments agissent comme une tierce présence, plus vive encore si le père laisse sa place vacante.

Un enfant dont la mère orpheline n'a pu penser, pour le panser, son abandon, peut se sentir abandonné par sa mère, à l'occasion d'un « oui » ou d'un « non » qui entre en résonance avec l'impensable dont la mère fut l'objet. Il peut monopoliser son énergie pour ne pas subir à son tour le drame dont elle porte d'indicibles traces et qu'il ressent comme autant de menaces intériorisées. Pour apaiser, si ce n'est éviter, la reviviscence du drame impensé qui sans cesse s'annonce, il peut aussi entreprendre de « réparer » sa mère, la materner, la paterner, tout à la crainte de la perdre… de la sentir s'évanouir ou disparaître.

De son côté, la mère, appréhendant de revivre ce que sa mère a vécu, peut intimer à son enfant d'être parfait, pour l'aider à résister à la tentation de se débarrasser de lui. L'enfant, en réponse, peut se sentir « interdit » d'expression, anxieux de ne retrouver moyen de s'exprimer, trahi par celle qui le prive de ses forces au lieu de lui en communiquer. Absences maternelles imprévues, défaillances, interdictions, communiquées comme autant d'injustes menaces, seront vécues comme une privation d'amour et un empêchement de liberté.

Toute mère inconsolée d'un abandon cruel est sujette à la dépression. Le manque de force qu'elle lui communique prive l'enfant de cette mère qu'elle rêve d'être et souffre de ne pas devenir. L'enfant livré au pouvoir d'une dépression parentale se sent aspirer par le vide, là où il a besoin de plein (d'attentions, de stimulations, de réponses à ses besoins), tiré vers le bas, alors qu'il attend qu'on l'aide à s'élever.

Une enfant recueillie peut douter de son aptitude à devenir mère, s'inquiéter de façon insoupçonnée pour le sort de ses enfants, tout en subissant, résignée, son incapacité à les réconforter. Portée par une inquiète solitude, craignant pour eux, alourdie au-delà du possible par cette crainte, elle peut avoir envie de s'en débarrasser en se débarrassant d'eux… ou en s'en débarrassant sur eux.

Dans le même ordre d'idée, une mère dont la mère n'a pu se reposer sur le père de ses enfants peut craindre, *a priori,* de ne pouvoir se reposer sur son mari, et le tenir à distance de ses enfants, sans lui accorder confiance en matière de paternité, le démettre *a priori* de ses responsabilités.

Il est vital pour une mère mal-aimée hier de se sentir bien entourée aujourd'hui, pour un père déprécié hier de se sentir bien soutenu aujourd'hui.

Une enfant sous l'emprise du sentiment d'abandon peut afficher, une fois adolescente, une indépendance outrancière – dans l'urgence à la survie – et manifester une conduite d'attachement excessif, sitôt rouvertes les vannes de la sensibilité. Attaches (trop) vite nouées, difficulté ou quasi-impossibilité à se détacher, à partir, à laisser s'éloigner, difficulté à accoucher… de peur de reproduire (ce qui a fait mal) peuvent être des réponses à un abandon maternel trop brutal ou à une séparation au cours de laquelle, en l'absence de la mère, elle aura subi de mauvais traitements. Comme si pour prévenir la souffrance ou l'étouffer dans sa résurgence, il fallait paralyser la sensibilité, figer le temps, en neutraliser tout ce qui, marquant son écoulement, risquerait de provoquer à nouveau le surgissement de ce qui occasionne une douleur dont on ne peut plus situer la cause.

Un enfant hérite « d'un noyau d'abandon », comme d'un souvenir enfoui de l'abandon oublié du père ou de la mère. Il n'est pas sûr que ce noyau germe et se développe, mais l'enfant unique dont la mère a souffert d'être placée dans une famille d'accueil mal aimante peut s'accrocher à sa mère comme s'il s'accrochait à ce souvenir, pour qu'elle s'en libère, et l'en libère. Redoutant plus que quiconque de la perdre, il peut d'autant moins l'avouer qu'il a aussi envie de la rejeter, pour rejeter la souffrance qu'elle lui communique. Mais sitôt qu'une sœur occupera la mère, il n'aspirera plus qu'à les séparer, pour neutraliser en lui la résurgence de la souffrance parentale.

Déni et transmission

Un abandon nié se transmet par héritage à travers sensations et émotions contenues et refoulées. Une mère qui n'a pas gardé à la conscience l'abandon dont elle fut victime, ni été autorisée à se libérer grâce à un soutien bienveillant des affects douloureux induits en elle, tout à son désir impuissant d'être la meilleure des mères, sans les abandonner réellement, abandonnera quand même ses enfants, les livrant à eux-mêmes, sans leur accorder le réconfort d'une attention affectueuse ou attendant d'eux l'amour que l'on attend d'une mère... Peut-être se les aliénera-t-elle au nom d'une liberté quand, faute d'attention, ils peineront à s'envoler...

Petite fille, Claire a survécu à un « abandon » de sa mère – elle-même délaissée par un mari au moment où elle perdit leur premier bébé.

Devenant mère à son tour, Claire se détache de ses enfants avec une apparente facilité, pour oublier, enfouir, refouler... fuir tout ce qui rappelait le drame noué, subi comme à son insu, puisqu'elle n'en avait jamais entendu parler, et avait joui aux yeux des autres d'une enfance dorée de petite fille gâtée par une mère aimante.

Enfance et naissance faisant écho en son inconscient au drame impensé, de multiples grossesses non menées à terme n'ont de cesse de la rappeler à la douleur de la perte, dont elle se débarrasse comme elle peut, comme contrainte à l'inconscience.

À la douleur de perdre, héritée de sa mère, se mêle, en s'amplifiant faute d'avoir été soignée, celle d'être abandonnée, l'une et l'autre douleurs étant niées. Elle accouche comme d'une lettre sans adresse d'enfants en bonne santé et multiplie les fausses couches, comme autant de symptômes d'une douleur impensée.

Entre désir de vivre et déni de l'abandon, laisser les enfants livrés à eux-mêmes, au nom de la liberté, traduira dans la fuite son désir de donner la vie, et son attachement douloureux à celle-ci, pour tenter de ne pas reproduire ce qui la fit souffrir.

Laissant ses enfants se blesser, se relever, retomber, par crainte inconsciente de reproduire l'attachement abandonnique subi, elle invoque une morale pour ne pas (s') attacher les enfants alors que, inconsciemment, c'est pour ne pas leur faire courir le risque de souffrir un jour de n'être plus attachés ! Pourtant, en les privant de l'acquisition de moyens de se... détacher, elle se les aliène. Elle s'en débarrasse, quand, fausses couches à répétition, ils signent la cruauté d'un vécu de terrible inutilité, et ravive par la difficulté de survivre à l'abandon son dévouement inconscient à ce qu'elle implore telle une fatalité maléfique. « Pourquoi suis-je au monde si c'est pour être abandonnée ? » Quêtant inconsciemment à longueur de temps le pourquoi de sa souffrance refoulée, elle cherchera – à travers de multiples maladies – soins, amour, attention, signes de présence, dont toute petite fille elle aura manqué.

L'abandon en héritage est celui qui ne se dit pas, se vit comme sans raison. Par procuration. Livré à lui-même, l'enfant ne souffre de rien, et c'est bien ce rien qui peine à se dire et s'entête à travers des comportements provocants pour solliciter l'attention, interpeller une présence, la vérifier, en dénoncer l'absence.

On peut imaginer la fée Carabosse lancer son maléfique « tu porteras l'abandon en toi », mais aussi, plutôt qu'une mauvaise fée, imaginer qu'une mère abandonne car elle-même a été abandonnée. N'ayant pu se restaurer à travers la communication parlée avec bonté, à peine en vie elle s'est déjà sentie condamnée, sans qu'aucun chant ne soit venu contredire l'abandon.

On demande à l'enfant blessé par une faille parentale d'aimer ses parents, d'être reconnaissant à qui l'accueille. N'aurait-il pas besoin d'être encouragé à se réparer avant d'exprimer sa reconnaissance quand l'accueil dont il bénéficie n'atténue en rien la souffrance émise à travers lui ? L'enfant perdu a besoin qu'on lui parle de lui, non pour se faire plaindre mais pour se sentir exister. Une fois ce sentiment enraciné à la place de l'abandon, il pourra éviter de délaisser ses enfants à son tour.

Une mère, dont on ne reconnaît l'enfantine peine, ignore sa difficulté à transmettre autre chose que ce que l'enfant reçoit comme de l'abandon.

Expression d'un cri de perdition pour dire « ce que je reçois de douleur maternelle qui ne m'appartient pas est au-delà de ce que je peux supporter. J'ai mal à ce que je ne reçois pas et que ma mère ne sait pas devoir me donner », la tyrannie enfantine – qui est aussi le fait des adultes – manifeste souvent la crainte d'être à nouveau laissé tomber.

Difficile de ne pas reproduire de l'abandon, tant qu'on en porte le fruit caché… quand l'entremise de douleurs parentales empêche de découvrir par soi-même l'amour dont on n'a pas connaissance faute de l'avoir reçu.

La tyrannie de la souffrance du manque s'exerce sur le corps, tant sur celui de qui en use que sur celui par qui il cherche à se faire entendre, pour ne plus se sentir abandonné de cet invisible abandon… On retient, on attache, on mendie, on a besoin de savoir de quoi on a besoin, quand on a juste besoin de ne plus le sentir crier et se répercuter en soi. C'est la chanson du mal-aimé dont la mère a manqué, une musique tendre pour la bercer.

Chapitre 4

Héritage et répartition

Le territoire affectif

On est toujours l'abandonné d'une mère au profit d'un autre.

La venue d'un nouveau-né suffit à bouleverser une famille dont elle modifie les relations. Le nouveau père, exclu de la dyade maman-bébé, peut se sentir mal-aimé et avoir envie d'aller trouver ailleurs quelqu'un pour se réconforter plutôt que d'assumer, en même temps qu'il la découvre, sa récente paternité. Le premier fils, pour compenser la perte d'intérêt qu'il constate – et conteste –, peut devenir un aîné maltraitant et tyrannique. Quant à l'angélique petit dernier, qui bénéficiait jusque-là de l'indulgence parentale, il peut s'avérer démoniaque et capricieux pour reconquérir cette place de plus petit que vient de lui subtiliser un bébé qu'il ne considère pas si petit puisqu'il parvient mieux que lui à capter l'attention !

Sitôt que quelqu'un empiète sur notre territoire affectif, sur le temps et l'espace matériel qui le symbolisent, le spectre de l'abandon surgit. Va-t-on m'aimer autant qu'avant ? Je suis sûr que l'on m'aime moins, que l'on ne m'aime plus. Et, drame de la jalousie, le plus souvent, on ne se le dit même pas, *on le vit*. Le sentiment s'impose. Implacable. On ne peut en douter.

Sans songer à se donner le temps de l'adaptation, on tente de ne perdre, de ne lâcher aucun des privilèges dont on jouissait jusqu'ici... pour l'éternité. Et quand la réalité s'avance, têtue, on compose jusqu'à s'en rendre insupportable pour se rappeler à l'être qui (nous) aime... dorénavant si mal, si peu – notre femme, notre épouse, notre amante, notre maman...

Le mari qui se sentira ainsi trompé par sa femme à cause de l'enfant ira tromper la jeune mère de son enfant en faisant l'enfant dans les bras accueillants d'une autre aussi bonne que sa maman. Et le petit dernier qui ne l'est plus (dorénavant) se confondra en crise de nerfs, ruades, bouderies soudaines ou, désormais apathique, se terrera, lui qui était si joyeux, dans le mutisme. La tonicité du bon élève se transformera, elle, en baisse de régime scolaire.

Un nouveau-né, par ce terme qui le désigne, peut convaincre le précédent (dans le cœur de la mère) que, devenu ancien, il n'a plus qu'à être jeté tel le vieux cartable de l'an dernier. De crainte qu'un sort semblable lui soit réservé, il peut se figer dans le silence, se mettre en retrait, feindre la paralysie... se faire inexistant. Il peut aussi, pour dénoncer ce qu'il ressent comme une injustice et prouver qu'on est prêt à le jeter (S'il est nouveau je suis vieux... S'il est aimé je ne le suis plus), ruminer dans une tour d'ivoire et se rendre rejetable à tellement accentuer son sentiment d'être abandonné. La logique sentimentale est simpliste quand elle symbolise nos tiraillements entre la vie et la mort, le bien et le mal, le plus et le moins... le tout ou le rien. Elle nous conduit rarement, si on la suit à l'aveuglette, là où nous nous imaginions vouloir arriver... On a tous besoin de se sentir, de se savoir, de se vivre aimé, pour être (aussi) aimant.

L'aîné dont on apprécie la réussite, pour rattraper l'amour qu'il semble avoir perdu, peut soudain régresser, se faire tout petit pour attendrir autant que celui qui menace de le détrôner et, tout en recommençant à faire pipi au lit, se mettre à collectionner les zéros, pour convaincre sa mère de lâcher le petit (le laisser lui aussi tomber) et dorloter à nouveau le premier-né. Il est également possible que, étonné qu'un comportement charmant chez le petit soit ridicule chez lui, il réclame (pour convaincre maman)... un nouveau nez, pour remplacer le sien si vilain qu'il faut s'en débarrasser !

Partager le terrain

Naissance cachée, révélation d'un frère, compétition déloyale, rivalité exaspérée, rappelant le vide laissé par une soudaine et brutalisante absence maternelle[1] résonnent (« re-sonnent ») comme une trahison susceptible de nous anéantir. Toutefois, une apparition résonnant comme une réapparition suffit à provoquer les mêmes effets.

1. Qui s'est ainsi fait ressentir.

Devenir frère lorsque l'on n'est que fils oblige à partager le terrain et, tout en ouvrant sur la conscience de l'autre (sans qui on ne serait rien) donne par intermittence l'impression de ne plus être rien. Ce n'est pas parce que l'on ne manifeste aucun malaise que l'on ne se sent pas menacé de ne plus être (l')aimé. La différence (de sexe, de couleur d'yeux ou de cheveux), alliée à la différence du même (celui que l'on a été – bébé – et que l'on n'est plus), peut convaincre celui qui souffre de ne plus exister.

Se montrer aimable bien que miné de l'intérieur peut être une résistance efficace capable de faire rempart contre l'adversité. Quand l'illusion sauve les apparences, elle triche avec « sa » vérité, et les émotions retenues rongent insidieusement. Rares sont ceux qui ont l'art de voir au-delà des apparences qu'on leur propose.

Un environnement sain, sensible et attentif aux modifications de comportement, veille à ce que « l'abandonné » ne se cantonne pas au rôle (de brimé) auquel il est tenté de s'identifier, ni n'use ses forces à dissimuler ses sentiments. Quand des images fantasmatiques, contrariantes sapent et dissipent les capacités d'éveil à la vie, la tentation est grande de se laisser aller, faute d'énergie pour maintenir la communication. Apprendre à communiquer ses sentiments et s'ouvrir à une autre réalité réhabilite la nécessité de… l'autre – qui nous dérange mais – sans lequel on ne saurait partager ! Cet apprentissage permet, par contre coup, de se sentir mieux exister.

Aider à accepter ce qui semble inacceptable, car « révolutionnaire », comme tout phénomène nouveau, favorise jusqu'au palier suivant l'adaptation à ce qui, bien qu'attisant la jalousie, ne peut être changé ni supprimé de l'univers. Inviter de façon attrayante l'enfant à dépasser ses légitimes contrariétés serait parmi les tâches parentales prioritaires.

Frère et sœur, notre style de vie s'élabore à partir de ces expériences liées au sentiment d'abandon, que génère (en contrepartie) toute fusion.

L'intégration d'un élément nouveau devrait être profitable à la collectivité élargie sans porter préjudice aux membres présents avant cet élargissement, et être perçue, dans le meilleur des cas, comme une occasion favorable au détachement, une invitation à l'accomplissement personnel. Renoncer un peu à ce que l'on fut à l'intérieur, pour devenir un peu plus à l'extérieur… Malgré le sentiment de passage pénible d'être exclu ou éjecté, ce qui favorise l'émancipation accroît aussi le sentiment de liberté.

Quand la blessure occasionnée est si profonde qu'aucune consolation n'en atténue les effets, elle se consolide en un sentiment d'exclusion en réactivant quelque expérience impensée qui a marqué de son empreinte la mémoire familiale. C'est cette mémoire qu'il faut apprendre à explorer pour la penser, mieux se comprendre et s'aimer, sans chercher dans le regret et la fusion ce que seul l'apprentissage de la responsabilité peut accorder.

Accaparant l'attention, l'enfant réel, ou celui que l'on est resté, tend à vouloir (sans toujours le savoir) conserver le monopole. Peu importe si on ne le trouve plus charmant : *il est*. Peu lui importe si de fait sa mère, devenue maman pour la première fois grâce à lui, éprouve une infinie difficulté à se séparer de lui : c'est auprès d'elle qu'*il se sent*. Pour elle, pour son bien à elle, dont il dépend, il lui est impossible de renoncer à l'image du divin enfant qui entretient l'idéal de maman.

La réalité est d'autant plus dure à accepter qu'elle n'est jamais aussi simple que nous l'aurions rêvée. Ne plus être le seul rival d'un père dans le cœur maternel est toujours un peu déchirant. Quand bien même l'enfant se montre exemplaire dans l'art de le supprimer, il ne parviendra jamais à s'accaparer la part d'intérêt réservée à cet autre rival. La mémoire fait obstacle. Le partage a ses mystères. On a beau (vouloir) assassiner son rival, la rivalité survit en son spectre, même quand on arrive à le supprimer.

Toute modification étant source de trouble, autant apprendre à l'enfant à accepter la présence de l'autre (enfant), à la comprendre quand, assiégé de fantômes, au-delà de sa capacité de contenance et de résistance, il peine à supporter les autres, faute de se supporter lui-même. Il faut donc l'encourager à se porter et à porter son intérêt ailleurs que sur ce qui le lèse et lui transmet un sentiment d'impuissance ou d'hostilité.

L'hospitalité est un art auquel on doit être progressivement initié.

Plus ou moins

Concernant deux personnes qui mettent en scène une relation, parfois à leur corps défendant, l'abandon n'est pas lié à la quantité d'amour, mais aux conséquences qu'induit le fait d'en avoir moins, moins qu'avant, moins que l'autre, moins que l'on en attendait. L'abandon appuie sur la différence, greffe un manque, ou le rappelle et, ce faisant, il force, dans le meilleur des cas, à créer ce que l'on n'a pas, à remplacer ce qui manque, combler le vide, affirmer la différence, compenser le mal induit... mais encore faut-il que la santé et la dose d'amour reçu le permettent. Pour cela, un parent ne saurait céder aux récriminations d'un enfant à la naissance d'un autre uniquement dans le but de le faire taire, en revenant au régime antérieur, et lui laisser croire ainsi que le temps est réversible. Quand la réalité palpable est modifiée, inviter l'enfant à évoluer en tenant compte de cette modification, tout en l'encourageant à accepter la nouveauté, aiguise son désir de se surpasser. L'épreuve à laquelle il est soumis dans un climat de confiance lui fait gagner en maturité et, une fois le mal-être vaincu, il peut constater qu'il est aimé, même si c'est autrement qu'il l'aurait voulu. Progressive, l'épreuve de la réalité, plus initiatique que l'attendrissement, aide à s'affirmer à travers l'essentiel désir. Bien soutenu, l'enfant se réalise et se renforce au contact de cette (parfois si contrariante) réalité.

Ce n'est pas à l'enfant de décider de la façon dont il doit être aimé, mais s'il est amené à douter de l'être, il importe de ne pas laisser ce sentiment l'inciter à douter de lui. Mal accepté, se sentant exclu, il peine à se positionner et à participer à l'élargissement de la famille.

Si l'on cède à l'expression de son désir (changer la réalité), que l'on y répond et l'accomplit à sa place, non seulement il n'est pas plus satisfait ni plus « adapté[1] » mais, investi d'un pouvoir surdimensionné, frustré alors de ne pas avoir lui-même réalisé son désir, il se sent coupable et dépendant de son insatisfaction et de sa culpabilité.

Aucun état n'étant définitif, aucune place, aucun privilège irrévocables, le sentiment d'abandon, ici inexorable, accompagne ce passage obligé d'un état premier à un état second, inhérent à toute avancée digne de ce nom, au cours duquel on laisse de vieilles peaux (avant qu'elles ne deviennent oripeaux) pour acquérir de nouveaux vêtements, un nouvel amant autre que maman, autre que celui de maman, une nouvelle tranquillité qui ouvre sur de nouveaux privilèges. La croissance est un parcours initiatique dont les défis bien relevés génèrent une précieuse confiance.

L'un est l'autre différemment

Comme nous l'avons vu avec Antigone, généreuse et rebelle, et Ismène, douce et soumise, les réactions diffèrent d'un enfant à l'autre. L'un, face à l'épreuve, réagira par la fuite, l'autre par... l'abandon de soi dans la

1. Rendu apte (et non formaté) par une juste attitude, et une bonne prédisposition de l'esprit, qui traduit la disposition du corps qui, en quelque sorte, la reflète.

crainte de l'autre. Il peut aussi réagir par la maladresse. Ignorance ou, faute d'éducation, ne savoir que faire ni que dire. Un autre se cognera, fera preuve de brutalité, commettra des actes qui, à son insu, le mettront en danger, comme si cette quête du danger était un appel à la conscience. Toutes conduites qu'il conservera « telle une définition » à l'âge adulte.

Les réactions sont différentes selon qu'il est fille ou garçon, premier ou second, benjamin aîné ou cadet. Selon que ses deux parents l'abandonnent ou que l'un le soutient pour son bien de sujet en devenir et non contre l'autre parent mal aimant... Selon aussi le mandat dont il est investi par l'intermédiaire des siens pour réparer une lignée, expier un crime ou conjurer un sort.

Un enfant d'une famille monoparentale peut se sentir lésé de ne pas avoir de père et « en faire voir de toutes les couleurs » à sa mère, tandis qu'un autre, de l'univers duquel l'absent n'aura pas été rayé, se sentant respecté, considéré comme autre à part entière, issu de père et mère, apprendra le respect plus facilement. L'absence de père n'étant pas vécue dans la tristesse, il éprouvera le désir de devenir père même sans avoir connu le sien.

Chapitre 5

Constellation familiale

Histoires de « préférence »

Nous partageons tous plus ou moins les mêmes défauts. Il ne s'agit pas de stigmatiser ceux de l'un ou l'autre en fonction de la place qui lui est impartie au sein du couple parental, comme une déterminante dont tout autre serait épargné, mais de tenter de déchiffrer le sens de ce qui fait souffrance au cœur d'une famille, pour l'envisager non comme une fatalité mais comme un prédéterminisme avec lequel on compose d'autant mieux qu'on le connaît. Admettre une part de permanence spécifique à chacun, selon sa position, aide à mieux en surpasser ou compenser les éventuels méfaits tout en en acceptant sans culpabilité les bienfaits. La spécificité de chacun en son essence peut en effet être développée et affirmée pour le meilleur...

Les problèmes liés à la position occupée dans la fratrie peuvent être si douloureux à évoquer et à résoudre qu'on préfère les nier ou feindre de les considérer en les nommant très vite pour mieux les négliger, alors qu'ils mettent en scène toutes les articulations de la vie et s'enracinent dans l'histoire économique et généalogique. Les droits d'aînesse ont longtemps été principes acquis pour défavoriser les puînés. D'ailleurs, en matière d'héritage, le garçon a plus d'une fois fait prévaloir ses privilèges pour l'emporter sur la fille dans les répartitions du bien familial, comme s'il allait de soi qu'il reçoive plus car il était... plus !

Si la position occupée dans une fratrie est aussi déterminante que le sexe[1], elle n'est en rien garante d'une réussite personnelle et sociale, qui est d'abord à considérer d'un point de vue subjectif, le seul d'où l'on puisse mesurer l'écart entre son désir et sa réalisation. Il est en effet plus important de parvenir à un accord profond avec soi-même qu'avec des modes ou des idéaux inconstants et éphémères qui cantonnent parfois dans d'infantiles sujétions.

Un aîné, porteur de l'investissement narcissique parental, aura une image de lui positive, valorisante, tandis qu'un « petit dernier » que la mère a du mal à lâcher parce qu'il incarne sa soif d'éternité, peinera à la quitter pour se réaliser, freiné par un sentiment d'infériorité (entretenu) qu'il ne saura combattre qu'avec celui de toute-puissance qui parfois l'emportera[2]. Dépendant de l'image idéalisée du merveilleux bébé entretenue par des compliments flatteurs, il hésitera à y renoncer. Pourvoyeur de grâce et de

1. Le « genre » masculin ou féminin.
2. Peut-être est-ce en partie celui-ci qui anime Petit Poucet... Ce n'est pas alors pour le pire...

bonheur, considéré comme mignon, attachant, charmant, affectueux, craignant les représailles maternelles (pour cause d'atteinte à l'idéal !) qui écorcheraient le rêve entre elle et lui nourri, il rechignera à l'idée de s'accomplir d'un point de vue social. Ou bien dans l'appréhension de perdre ce qui le caresse, comme s'il lui avait fallu arracher la place au prix d'efforts insensés, il ne peut y renoncer. Il est inquiétant de se détacher d'une mère qui alimente en nous, pour ne pas le perdre en elle, son sentiment d'éternité. Et risqué, en s'éloignant d'elle, de céder à nouveau de la place à un aîné dont on se persuade qu'il s'empresserait de récupérer celle qu'on lui a volée !

Sébastien, aîné de quatre garçons, surinvesti et trop vite abandonné au profit d'un second, se sentait démuni sitôt que l'attention se concentrait sur un autre que lui. Des années après, devenu père et divorcé, pour rattraper « le temps perdu », il répondra au besoin de retrouver une dépendance maternelle correspondant à l'amour dont il s'est senti si vite frustré. Il reviendra vivre près de sa mère, pour occuper le terrain et empêcher les enfants du cadet de prendre ce qu'il considère être sa place, de crainte de la perdre une seconde fois. Peu importe si c'est au détriment plus qu'au service de sa réalisation : pour se sentir vivre, il a besoin de rentrer en possession de sa mère. Imperméable au sens du partage, dont il a souffert, il ne peut se déprendre d'une idée d'amour absolu et définitif dont la promesse n'a pas été tenue. Fixé à un stade enfantin, trop investi, trop vite lâché, la frustration que ravive toute naissance (d'un second) (d'un garçon) lui est redoutable. Il est dur de quitter une mère idolâtre qui nous a laissé tomber !

Hélène, « petite dernière » de cinq enfants, se réfugie, une fois devenue mère, auprès de la sienne, ravie de la protéger à la moindre difficulté contre père, mari, patron, « méchants »... Quiconque la lui « volant » la priverait de son sentiment d'éternité. L'une retrouve les joies de la maternité, en redevenant mère auprès de l'enfant de son enfant, tandis que l'autre, regagnant son enfance, délègue sa maternité, pour occuper le cœur maternel sans en céder une parcelle à ceux dont les qualités seraient aussi prisées.

La vérité de la position n'est ni absolue ni universelle, mais relative à l'histoire intime de la famille qui se transmet de génération en génération, telle l'empreinte mouvante et évolutive des sentiments qui activent l'inconscient familial autour de l'enfant.

Ainsi ces comportements de dépendance prennent source dans les histoires de « préférence », de ce qui est « porté en avant ». Certaines familles privilégient l'aîné, d'autres le dernier, d'autres encore le cadet, selon les blessures liées au sentiment d'abandon que père ou mère ont besoin de réparer à travers eux.

Loin d'être un gage de réussite, ces attachements projectifs présument de réelles difficultés à se séparer de qui nous a maintenu, par manque ou par excès, dans la frustration et le besoin. Exacerbant les rivalités, au lieu de les relativiser, les parents qui en jouent renforcent les dépendances. En rendant à leurs enfants, comme pour les garder à eux, plus douloureuse l'acquisition de l'autonomie, ils leur communiquent une *peur de perdre* qui entrave l'émancipation. La prise de distance devenant source d'inquiétude, la différenciation entre frères et sœurs, entre parents et enfants est compromise. Tandis qu'une rivalité bien supportée car bien gérée est l'occasion de plus saines compétitions hors de la maison et, pour les uns et les autres, facteur de développement.

Il faut savoir renoncer à certains privilèges innés pour en acquérir d'autres plus personnels, plus valorisants, les quitter pour se projeter et se produire ailleurs…

À chacun sa place

La réalité est que nous naissons à une certaine place… que nous sommes destinés à occuper tout en parvenant à la modifier pour se l'approprier et se singulariser.

La fiction fait qu'à partir de cette place nous entretenons notre dépendance de peur d'être abandonné. Que l'aîné s'imagine la venue d'un bébé le privant de sa mère, que rien ne soit entrepris pour le démentir et le tour est joué, même si sa mère en apparence continue à s'occuper de lui, il se vivra abandonné.

L'enfant unique s'imagine martyr et, coincé entre deux, le cadet se persuade ne de pas exister (dans le cœur de sa mère) au risque de s'effacer. Veillant à ne jamais faire de peine, il choisira le mot le plus juste ou le plus aimable, se confondra en attentions délicieuses pour gagner un peu plus de place, quitte à contredire son intelligence et son désir d'indépendance par une conduite plus infantile qu'il n'y paraît derrière une feinte – car obligée – autonomie. On le dira attachant et, vexé que l'aîné soit « aimé » sans efforts, il pourra, aussi gentil qu'amer, gaffer pour dénoncer l'injustice, s'excuser d'exister, et aussitôt recommencer pour s'affirmer à travers ce pour quoi il vient de s'excuser. Inévitable. Coincé entre deux (ou plus), par besoin d'attention, besoin d'être réconforté, il ne peut lâcher les défauts qu'il se reproche. C'est à travers eux qu'il se sent le mieux. Ils forment le ciment dans lequel il se fonde et nous (con)fond… nous culpabilise de ne pas l'aimer alors que, pourtant, il tente sans cesse de s'échapper.

Le sentiment du sujet qui s'imagine moins aimé répond à une sensation de manque qu'il ne sert à rien de neutraliser par une consolation généralisante. Tenter de l'atténuer d'un mot bateau ou une banalité l'accentuerait au lieu d'en diminuer la portée dramatique. À chacun sa vérité qu'il convient de découvrir pour apprendre à compter sur soi-même et pallier ses manques par une stratégie créative. Les critères de l'enfant unique pour s'affirmer diffèrent de ceux d'un aîné, les défis à relever d'un benjamin ne sont pas ceux d'un cadet. La volonté de s'appuyer sur sa position, de se définir en affirmant son identité à travers elle, prévalant à toute tactique, est aussi, à l'origine des jeux de pouvoir, une histoire de politique, qui nourrit les combats d'intérêts.

Cependant la place réelle que l'on occupe dans une fratrie, dans une famille, s'efface souvent derrière la place symbolique. Un (ou une) aîné idolâtré en apparence, mais « rayé » même vivant, cédera de force la place au second qui s'avérera le premier (vivant) dans le cœur du père ou de la mère, rappelant *pour sa part* (à son insu) un (premier) mort, dont il occupe, de son vivant, la place. Il disparaît peu à peu derrière celui qui le suit. Entravé dans son développement, il se laisse, pour survivre, comme le mort, oublier.

La place occupée, complexe dans ses ramifications, complexifie l'histoire des dépendances… ou l'enrichit si, parvenant à la déchiffrer, nous parvenons aussi à bien l'utiliser.

À chacun sa place. À chaque place, à chaque position dans une lignée, dans une fratrie, le sentiment d'abandon correspondant, selon l'espace octroyé ou celui dont on se sent privé. C'est bien ce sentiment qu'il s'agit de surmonter pour survivre. Il est l'occasion de défis, à partir desquels une personnalité se construit

Si l'on ne peut modifier l'ordre de notre venue au monde, on peut changer le regard que les autres portent sur nous en modulant nos comportements. Partir, tel Abraham, à la rencontre de l'inconnu, définir sa place et finir par apprécier celle qui nous fut destinée, non plus à défaut d'une autre, mais de préférence à une autre. Autant l'apprécier – à sa juste valeur – comme si elle avait été choisie pour… bien s'aimer soi et être bien aimé, plutôt que la subir et s'abandonner à la plainte.

Puisque la difficulté porte preuve d'une dépendance qui s'aggrave, lorsqu'elle n'est pas admise en son évidence, apprendre à résoudre les problèmes personnels qu'elle pose est plus salutaire que la volonté vaine de la nier.

À chaque position, ses difficultés inhérentes. Ne pas accepter – ne pas imaginer – que l'autre puisse souffrir, lui aussi, de difficultés spécifiques à sa position et à sa situation cantonne dans un sentiment d'exclusion qui, accentuant de mauvaises dépendances, rend plus ardue l'acquisition de cette autonomie si précieuse qui peut tempérer sa dépendance aux difficultés !

On n'hérite pas de la même part du sentiment d'abandon de père et mère. Selon ce que l'un et l'autre nous ont transmis, on serait plus ou moins prédisposé à ce sentiment. En la matière, la répartition n'est ni équitable ni équilibrée. La vaillance du Petit Poucet lui fut peut-être « autorisée » parce que sa place dans le cœur de sa mère ne fut jamais mise en péril par la naissance d'un puîné ? Est-ce une raison pour regretter toute sa vie durant de ne pas être resté le petit dernier ? Ou l'occasion de s'en inspirer pour découvrir en soi les raisons de ne pas se laisser désespérer ? La liberté de chacun réside en partie dans l'art qu'il mettra à faire fructifier ce qu'il a reçu. Cesser de regretter ce que l'on n'a pas eu permet de mieux s'y consacrer.

Ou trop petit ou trop grand

À chaque situation familiale correspond un sentiment d'abandon qui traduit un mal-être. Un enfant dit du milieu, même le plus gâté, peut se sentir, entre deux – dont la position *semble* claire et bien affirmée – tout le temps abandonné, brimé, à cause de l'aîné, négligé, à cause du puîné. Il sublimera son amertume en une abnégation altruiste pour se faire aimer en s'occupant des aimés. Sa mère n'ayant jamais été rien que pour lui, à l'étroit entre deux, il a toujours l'impression « d'en manquer ». De mère bien sûr, mais d'espace et de place tout autant. Se sentant incompris, il excelle dans l'art de se faire apprécier à l'extérieur en faisant son numéro !

Ainsi une actrice, cadette de trois filles, qu'un an à peine sépare l'une de l'autre, raconte comment ses sœurs, avec qui, enfants, elle formait un inséparable trio, s'inquiètent de ne pas lui avoir laissé assez de place depuis qu'elle obtient succès et reconnaissance publics... comme si l'acquisition d'un bonheur autre et indépendant invitait à reconsidérer le sien et à inquiéter la conscience.

Envie de revisiter le passé, de le rejouer ? Se demander si on a laissé assez de place à cette sœur partie s'épanouir ailleurs, n'est-ce pas une façon de lui demander « pourquoi nous as-tu abandonnés ? » De prendre le risque inconscient de la rendre coupable de son succès, de la priver à nouveau d'espace en l'empêchant (par ces questions portées à ses sens) de jouir de celui conquis au dehors ? Une façon aussi de se sentir coupable de ne pas s'être senti coupable lorsque, enfant, on emplit l'espace sans se soucier de celui réservé à l'autre ? Sentiments qui ne grèvent en rien l'amour mais s'y ajoutent, puisque l'ambiguïté est le propre du sentiment.

Il reste fort à parier que n'osant reprocher à un frère ou une sœur de nous abandonner au profit de son succès, on se reproche inconsciemment ce qui aurait justifié cet abandon, quand on se sent, à son tour, abandonné par celle (ou celui) qui, ne pouvant survivre à un manque de place, ni s'en plaindre, part conquérir l'espace mental et la reconnaissance vitale dont l'absence d'espace symbolisait le manque.

Faute de place ici, la santé nous pousse à aller chercher ailleurs, comme une plante qui se dirige vers la lumière. En ce sens ne pas être trop aimé est porteur, quand l'impression d'être brimé propulse pour se construire vers l'extérieur.

« L'abandon », « l'ingratitude » de frères ou de sœurs qui ne se préoccupent « pas assez » du confort de l'un des leurs pour jouir égoïstement du leur est positif s'il ne s'accompagne de brimades délibérées ou de mesures vexatoires humiliantes. Alimentant l'énergie pour creuser sa place, aimer autre que père, mère, frère ou sœur, cet abandon participe du pouvoir créateur. Des parents qui ne refusent rien à leur enfant le maintiennent dans la dépendance. L'empêcher de désirer être et d'avoir autre part, pour lui, est tout aussi néfaste à son développement que de le maintenir dans des privations excessives. Cendrillon finit par être plus choyée par la vie que ses sœurs. Pas plus que Blanche-Neige, elle n'a rechigné devant l'effort, pour échapper à ce qui rendait sa condition misérable.

Dans le cas qui nous occupe, les deux sœurs, n'ayant pas le succès de celle qui dut s'extraire du giron familial pour croître, se demandent peut-être si elles n'ont pas été elles-mêmes « trop gâtées ».

Ce qui est vécu là comme abandon ou crime de lèse-majesté agit ici comme un moteur, encourage à ne pas donner « trop » à ses enfants, pour leur permettre d'aller voir ailleurs, et invite à ne pas regretter de n'avoir pas eu assez, quand c'est ce manque qui permet de créer. L'amour trop fort, l'amour parfait, celui à partir duquel naissent les plus fortes déceptions, n'est pas des plus équilibrants.

Tu exagères... ?

On est là où l'on naît et c'est à partir de là que nous commençons à exister pour devenir ce que nous serons.

Premier, deuxième, troisième d'une fratrie, aîné des enfants, des filles ou des garçons, benjamin, enfant unique ou cadet, nous n'avons pas tous les mêmes réactions à la naissance d'un frère, d'une sœur, ni quand surviennent « les jumeaux ». Chacun se forge son identité selon ses souhaits et ses regrets, ses besoins et ses désirs, les missions aussi dont il est chargé, celles dont il se sent investi, sa façon d'y répondre ou de ne pas y répondre, pour se réaliser en les réalisant, ou y échapper en les contrant pour (se) donner autrement.

Subjectif, le désarroi se fait souvent entendre par l'exagération. Un enfant peut attirer l'attention pour échapper à sa tristesse, en racontant qu'une nourrice ne s'occupe plus de lui. On a peut-être été cet enfant-là, celui qui se plaint, avec une candeur désarmante ou d'imparables arguments, que (plus) personne ne l'aime, que la nourriture est mauvaise, la maîtresse méchante. La nourrice, qui partage son temps avec un « nouveau présent », s'occupe en effet différemment de lui. La nourriture est plutôt adaptée à son âge, mais sa difficulté à ne plus être le seul lui gâche l'appétit et le soumet à l'envie.

Ne pas boire ses paroles mais entendre sa souffrance et l'inviter à la surpasser atténue un sentiment dévitalisant au profit d'autres plus vivifiants liés à l'esprit de conquête. Heureuses mutations de la rivalité, sens des responsabilités, goût du défi, encouragés par l'action créatrice et les efforts qu'elle suppose, favorisent un sentiment de valeur personnelle qui minimise les inévitables chagrins.

Mais il se peut qu'un désarroi, en apparence exagéré, soit fondé. Qu'une nourrice, pour une raison à laquelle ni lui ni ses parents n'ont accès, ait réellement *laissé tomber* l'enfant à l'arrivée d'un nouveau venu. Dissimulée, une telle réalité est bien plus préoccupante pour l'enfant que la contrariété éprouvée lorsque sa mère le délaisse pour aller travailler. Désolante, elle mine sa confiance dans le monde adulte, aussi bien dans les parents qui le confient à quelqu'un de « maltraitant » que dans « ce quelqu'un ». Contraint pour survivre de supporter l'insupportable, il tente de se faire entendre par des efforts qui dilapident son énergie créatrice. Un sentiment décuplant l'autre, tout abandon injuste (aussi longtemps qu'il n'est ni reconnu, ni justifié, ni réparé) se fait ressentir avec d'autant plus d'acuité que sa révélation est interdite.

Qu'une mère vaque à ses occupations peut déplaire. Qu'une femme donne l'impression de se débarrasser d'un enfant peut choquer. Pourtant, avec le temps, l'enfant découvre qu'une séparation, mal vécue dans l'instant car génératrice de frustration et d'appréhension, était nécessaire d'un point de vue financier et affectif. Prenant conscience, avec fierté, que sa vaillance a contribué à parfaire un équilibre relationnel dont il est le premier bénéficiaire, il gagne en maturité.

Réussir sa vie de femme sans négliger celle de mère ou sa vie de mère sans renoncer à celle de femme est un pari dont l'enfant, devenu grand, sort forcément gagnant. Voie de l'indépendance, pour sa mère comme pour lui, elle mérite quelques renoncements, même si l'évidence de sa valeur ne se fait entendre, de part et d'autre, au-delà des mots, qu'à plus long terme.

De même, un aîné accepte un second, si père ou mère n'abusent pas de sa confiance, si aucun accident grave ne vient perturber le passage d'un état à l'autre pour y grever quelques sources de défaillance.

Dans la mesure où des intérêts généreux justifient le désintérêt dont il ne peut s'empêcher de se sentir peu ou prou victime, l'aîné n'en souffre pas outre mesure. La légitimité se gravant dans le temps, il investit l'attention libérée de l'emprise maternelle dans un regain d'activités. Le sens d'un geste, d'une conduite, d'une attitude se révélant d'abord par un mieux-être, au-delà des mots, avant de se faire entendre par les maux si les mots entrent en contradiction avec ce que disent les gestes.

Mais si la santé cède le pas à l'injustice, si la naissance d'un nouvel enfant est prétexte à brimades sur le précédent, si rien ne transparaît, son esprit de vengeance est exacerbé.

Chapitre 6

D'attachements en attaches

La culpabilité en héritage

S'immisçant dans la relation qu'elle ébranle, la culpabilité parentale, fondée ou non, complique l'attachement et compromet la capacité de l'enfant à se séparer… sans se sentir (ni devenir) coupable.

Déjà porteur d'un sentiment de culpabilité, transmis de génération en génération, parfois exacerbé, d'autre fois nié, mais toujours nocif, l'enfant se sent encombré de protections superficielles, inessentielles, qui dissimulent la culpabilité plus qu'elles ne l'atténuent. Coupable « par héritage » dont on ne sait quelle faute parentale, il arrive qu'on la reconduise en se rendant coupable de « fautes d'inattention maternelle », comme pour justifier le sentiment qui les précède.

Une mère orpheline peut laisser tomber ou blesser un enfant, sous l'emprise de la tristesse d'avoir été abandonnée. Rappelée à la réalité par l'hématome de l'enfant, elle se sent coupable de n'avoir pas été présente pour le soutenir, un instant plus tôt, coupable de l'avoir à son tour... laissé tomber.

Une faute s'ajoutant à l'autre, elles se transmettent à l'enfant à travers un sentiment de malaise diffus qu'il ne sait identifier mais qui le trouble et le fragilise. Ce malaise l'inquiète et mobilise son attention que, dès lors, il aura du mal à concentrer sur les activités enfantines destinées à l'émanciper.

Le mal-être maternel, induit par cette transmission de culpabilité et les difficultés de son enfant qu'elle reçoit en retour, peut éveiller une intention protectrice excessive, destinée à parer à de nouvelles fautes d'inattention, réparer les effets de la faiblesse et compenser les méfaits de la culpabilité.

La surprotection encombre l'enfant qui la vit comme un obstacle tandis qu'il aspire à s'ouvrir sur l'extérieur. Pas plus que la chèvre de Monsieur Seguin, il n'apprécie de se sentir nuit et jour retenu pour son bien. Il vit l'attache à laquelle on le soumet comme une entrave qui, sans l'armer contre le danger, risque au contraire de l'y exposer. Sa soif de liberté, sa quête de sensations autres que maternelles en sont en effet exacerbées. Une protection excessive ne remplit pas son rôle et dramatise la séparation.

Un sentiment de honte, de ne pas être à la hauteur, de ne pas être « comme les autres », réactive la culpabilité maternelle. Craignant d'être mise à découvert, d'être à nouveau « blessée » dans son intime sensibilité, car « déclarée coupable d'abandon » ou dénoncée « mauvaise mère », la mère se méfie de tout ce qui l'empêche dans son désir de réparation, et transmet, par cette méfiance, un sentiment d'étrangeté à son enfant qui, supportant mal sa différence, a tendance à régresser.

Sous l'emprise du sentiment d'incompréhension que communique l'abandon, la sensibilité maternelle imprégnée de la culpabilité de n'avoir pas été aimée s'exacerbe au contact du monde en réaction à la crainte d'être à nouveau blessée ou à nouveau blessante. Écorchée vive, comme lorsque, innocente, elle fut livrée « dans l'indifférence » à quelques crimes dont elle fut le dépositaire, le moindre frôlement communique une vibration dans ses chairs dont l'expression de douleur la travaille et insécurise l'enfant.

La blessure culpabilisante se répète et rend davantage complexe l'attache qui empoisonne la séparation.

> Blessée, « par inadvertance », lors d'un petit-déjeuner fautif au cours duquel sa mère trompe son père avec le père qu'elle aurait voulu lui donner, une petite fille se sent coupable d'être née, et d'avoir été baptisée Juliette quand l'amant maternel s'appelle... Roméo. Doutant de ses racines, du désir qui l'a fondée, elle rend « criminelle » la faute maternelle en perdant l'équilibre et, versant dans sa chute le lait bouillant sur son corps, détruit le petit-déjeuner charmant imaginé par l'amant pour savourer sa culpabilité. Elle met ainsi brusquement fin aux ébats fantasmatiques de la mère et de l'amant, à leurs amours clandestines, tandis que le père, mari trompé, sauve son enfant en rattrapant le petit corps brûlé. Comme si inconsciemment elle réclamait un père, et tentait de l'imposer en tant que tel à sa mère.

Tout se passe comme si on (se) rappelait les souvenirs de sa mère ou de son père. Des souvenirs, des traces, que l'on ne possède pas mais qui nous influencent et (se) « sous-viennent », dont la mémoire n'est pas consciente mais émotionnelle. Ces souvenirs, tapis en dessous, contraignent la liberté et nous retiennent aussi longtemps qu'une prise de conscience ne nous a pas libéré d'eux.

Ainsi hérite-t-on de conduites d'abandon ou de surprotection ou de peur de l'abandon… Parfois, pour tenter de les conjurer, on prend le contre-pied… Invisible héritage, ce qui se passe en soi se transmet et se répercute parfois en son contraire, parfois en son excès.

Apprendre à se séparer passe aussi par la reconnaissance des erreurs et des fautes de ceux qui nous précèdent, pour s'en démarquer. Leur négation, au contraire, nous y enchaîne : on ne peut se détacher que de ce que l'on reconnaît. Se séparer est à la fois cesser de faire paire et de faire pareil. Le développement de la pensée par les mots le permet en raison de la mise à distance qu'il autorise.

Mettre au monde, c'est aussi apprendre à se séparer, à voir du différent dans l'autre, quand dans un premier temps, on rêverait pour nous rassurer qu'il soit le *m'aime*… ! Les sentiments se transmettent à travers les non-dits. Celui d'abandon est lié à la sensation de perte de moyens… Quoi de tel pour communiquer cette impression que de se sentir coupable d'une faute que l'on doute avoir commise ?

Une mère qui tombe malade le jour de la rentrée des classes ou soudain se montre désagréable, un père qui parce qu'il boit trop ou s'habille mal fait perdre la face, un rendez-vous que l'un ou l'autre n'honore pas… tout ce qui donne à l'enfant, puis à l'adulte qu'il devient, l'impression de ne pas être ou n'avoir pas été aimé, évoque en lui un sentiment d'abandon.

Trop point n'en faut

Quand un père a le sentiment que son enfant est trop petit pour une lecture ou une sortie, on pourrait entendre « trop petit pour vivre cela », comme s'il se rappelait avoir été trop petit un jour pour avoir vécu ce qu'on lui avait donné à vivre…

Cela peut correspondre à un sentiment d'abandon intériorisé, déguisé en sentiment de force protectrice, pour avoir vécu en sa petite enfance ou assisté à quelque chose qui dépassait ses forces de réception et d'assimilation. Ou que, livré à lui-même, ses responsabilités aient été trop tôt sollicitées, pour compenser père ou mari absent. Animé du désir de ne pas avoir vécu ce qu'il a vécu, il aspire à protéger son enfant, sur lequel il projette – pas toujours à propos – les restes de sa souffrance, dont il voudrait se préserver en le préservant… « Tu ne vivras pas cela… Je n'aurais jamais dû le vivre… Rien qui ne soit au-dessus de tes forces ne doit arriver, comme ça a pu l'être pour moi… » L'enfant se sent frustré… diminué au moment même où son père croit l'épargner. Ce n'est pas toujours à une scène sexuelle que cette impression renvoie, mais en tout cas à un phénomène qui dépasse entendement et facultés de l'enfant, vécu comme une intrusion ou une agression qui, le prenant au dépourvu, le dépasse, l'anéantit, le néglige, le perd.

Une mère qui séduit son enfant avec de l'argent, un père surpris en flagrant délit d'adultère et qui impose une tacite complicité à force de menaces, et l'enfant a l'impression que ses parents se dérobent au moment où il aurait besoin d'un soutien sur lequel se reposer.

L'enfant supporte mal l'impression que ses parents soient pris en traître, en faute ou en position de faiblesse. Il a besoin d'un sentiment de vérité, à l'encontre duquel va celui d'être trompé.

Devenu père, chargé de cet excès en lui et de sentiment d'abandon refoulé, il craint pour son enfant et (se) projette sur lui. « Il est trop jeune », dit-il, protecteur, d'un neveu qui lui rappelle l'enfant maltraité qu'il fut. Parfois à juste titre, souvent de façon excessive et finalement « castratrice ». Formé dans le « trop » il existe d'abord dans le « trop », dans l'excès, la démesure, ce qui le force à priver l'autre, car (d'une part) de son enfance il fut comme privé. Il est encore une fois prêt à (se) soumettre à de mauvais traitements comme pour prouver la vérité de ceux auxquels, derrière de tendres apparences, il fut soumis.

À travers l'enfant qu'il aspire à protéger (parfois à juste titre), c'est, à son insu, son enfance qu'il donne à entendre et à panser.

À l'opposé un autre, plutôt que de s'attendrir, se rigidifie, définitivement séparé de l'enfant maltraité qu'il a « enterré », condamné. Devenu adulte, en réaction à sa propre histoire, l'enfant n'est jamais trop petit pour rien à ses yeux. Et l'enfance ne revêt pour lui aucune spécificité. « J'ai été abandonné, j'ai survécu, il n'y a pas de raison qu'il ne soit abandonné à son tour, pas de raison qu'il ne survive pas, j'ai dû faire appel à mes propres forces, pourquoi ne ferait-il appel aux siennes ? Je n'ai été ni aimé ni aidé, il n'y a pas de raison qu'il le soit. »

Prendre conscience de ce que l'on transmet est une façon de s'aimer en devenir, pour pouvoir enfin être ce que l'on aurait aimé être.

S'extraire de la « faute » ou de la protection parentales est un pas essentiel de la progression vers la liberté. Quand la violence se fait langage, quand la cruauté devient banalité, ce sont elles qu'il faut apprendre à refuser.

« Le fruit défendu »

Une mère ou un père peuvent relâcher volontairement leur attention et laisser un jeune enfant courir le risque de fumer, boire, tomber dans un piège, se mettre en faute, comme si ces parents manquaient de force ou étaient incapables d'autoriser à leur enfant l'apprentissage de la liberté, comme pour mieux en appeler à la fatalité... Effet de fatigue, d'épuisement moral ou d'une logique de condamnation interne à laquelle on peine à survivre, cette attitude permet de garder pour soi l'enfant dont on ne parvient pas, sous l'emprise d'un sentiment infini d'abandon, à se séparer, lorsque l'on se sent fautif ou coupable d'avoir été soi-même en son enfance un jour abandonné – que l'on reconnaisse cette culpabilité ou qu'on se l'interdise en affichant une absence radicale de culpabilité consciente. Quand l'enfant, porté par l'espoir mis en lui lors de sa conception, remplit le mandat tacite, dont il a d'abord été investi, en ne se réalisant pas à travers la faute (sa reproduction) –, les parents, avant d'en éprouver quelque fierté, se considèrent quasiment trahis. Souffrants d'être mis en cause par celui qui, soif de santé ou de reconnaissance oblige, s'applique à être autrement, ils l'entravent dans son développement. À l'inverse, celui qui leur reste lié par la faute les réconforte.

Le jour où – risquant de la révéler – un premier incident leur fait perdre courage, père et mère démissionnaires (qui ne croient pas en leur mission) en arrivent, mus par d'inconscientes motivations, à mettre leurs enfants en état de faute, comme pour avouer à travers une faille la faute à laquelle ils sont inconsciemment rattachés. C'est paradoxalement à ce moment-là qu'ils appellent au secours enseignants, corps médical ou leurs enfants eux-mêmes pour qu'ils les aident à (s')épargner le mal...

Une mère éperdue peut craquer pour n'avoir pu supporter le régime « sans faute » que ses parents ont aspiré à lui administrer, une autre éprouvera de la difficulté à tenir celui qu'elle tentait elle-même de s'imposer, pour réparer quelque secret sentiment d'abandon et de culpabilité. Aspirant à la paix, dira-t-elle... pour conjurer les tourments que lui produisent ces sentiments, elle aspirera en définitive à ce que ses enfants restent auprès d'elle de crainte de courir le risque de reproduire de la douleur, de peur qu'ils ne réveillent quelque archaïque souffrance par une nouvelle faute qui revêtirait aussitôt un caractère dramatique sans mesure. Crainte que l'enfant en s'éloignant ne se démarque, ne la « dénonce » ou l'abandonne en oubliant. Crainte qu'il ne la nie ou la renie, en souvenir de l'absence de reconnaissance dont elle fut probablement l'objet et peut-être même... le fruit (défendu).

Sous-estimant que le fruit est le plus souvent celui de l'amour qui unit les parents lors de la conception, une mère, qui aura souffert d'abandon, peut se tenir rigueur de n'être que ce qu'elle a pu naître – fruit défendu et, par culpabilisante déduction, mauvaise mère. Elle se dénie alors un courage que par ailleurs ses affirmations parfois fanfaronnes sembleraient revendiquer. Abandonnée, elle est la première à ne pas croire en elle.

N'ayant pu acquérir son indépendance, faute de soutien en son enfance, elle ne saura que reproduire cette absence d'indépendance, et conjuguera sa relation sur le mode – le langage – de la dépendance. Bientôt elle-même dans la dépendance de son enfant, tout ce qu'il fera sera mal, car non idéal... susceptible révélateur de susceptibles souffrances.

Difficile d'échapper à ce genre de dépendance affective – c'est peut-être ce que tentent, souvent en vain, les dépendants alcooliques... Là encore intervient la nécessité d'un soutien amical, amoureux et/ou thérapeutique, la réalisation (restauratrice) d'un travail de mise en mots et de transferts positifs.

Chapitre 7

La nostalgie du paradis perdu

Ma naissance fut le premier de mes malheurs.
Rousseau.

Là, tout n'est qu'ordre et beauté,
Luxe, calme et volupté.
Baudelaire.

Où sont passés nos rêves d'enfance ?

Le sentiment d'exil dans lequel nous plonge toute perte nous entraîne, pour mieux y échapper, vers un ailleurs idéalisé…

Ainsi le sentiment d'abandon peut-il être l'expression d'un désir lié à la nostalgie d'un paradis perdu où tout n'est que douceur et admirative intimité, plaisir et félicité, à l'image de ces rêves d'enfance que porte le désir d'une native innocence. Rêve de l'union amoureuse idéale, rêve de protection totale ; rêve du merveilleux disparu dont à chaque instant on espère recouvrer la voluptueuse bonté ; rêve de blancheur, de candeur, d'authentiques relations en communion parfaite avec la nature ; rêve d'une humanité lumineuse calquée sur un passé fantasmatique aux couleurs de l'harmonie ; rêve de sérénité, de désir qu'aucune corruption ne serait venue entacher ; rêve éperdu de sincérité… Exaltation de la pureté des intentions, c'est la confondante illusion d'un paradis perdu.

Si chacun a connu la tentation de s'évader dans un ailleurs imaginé, pour certains l'expression s'en présente avec plus d'acuité. Éternels aspirants aux voluptés d'une union idyllique que n'altérerait ni peine ni contrariété, tout à la sensation que l'amour parfait leur fut subtilisé, ils alimentent en solitaires rêveries l'idéal qui les maintient en existence.

Face à l'épreuve de l'ici et maintenant, pour se soustraire au redoutable présent, pour « s'épargner de continuels déchirements », selon Rousseau, ils cherchent refuge, pour y puiser des forces, dans un passé lisse et sans aspérité, tendre et sans rugosité… riche et sans aridité… où tout ne serait que douce et charmante fertilité… Prenant appui sur un avant, un avant le Déluge, avant le serpent, avant la disparition de l'avant… un avant dans lequel ils se glisseraient, heureux, pour s'autoriser à survivre ou à avancer.

Lorsque la sensation de chute ou de douloureuse déchéance se fait répétitive et lancinante, tout à la contemplation d'un passé antérieur sans mensonge ni injustice, le rêveur abolit le temps. Pour se relever, se raccrochant à cet avant supposé idéal, où la plénitude ne cédait pas de place au manque, il puise la force de (se) vivre en le réinventant, et se projette, pour sublimer sa douleur, à travers lui au présent comme sur un écran.

Suspendu à une improbable éternité, le temps du paradis perdu est celui de l'illusion qui endolorit les sens exacerbés par l'abandon. Temps supposé idyllique du giron maternel, tout est prétexte à le ressusciter. Douce utopie d'un vrai pays à l'image de nos plus exquises rêveries, où le soleil inondant les cœurs se refléterait dans les yeux, il a valeur de catharsis[1] quand il semble que la fatalité, empêchant l'épanouissement que l'on croit observer hors de soi, condamne à la paralysie. Visant à exorciser de puissants sentiments d'impuissance, de privation, de désespérance, quand certaines blessures narcissiques ont occasionné d'impensables souffrances, il est l'art de rêver à une enfance dorée pour combattre le doute accablant de craintes et de secrètes tortures pour qui peine à survivre à un indicible malheur sans croire à un ailleurs meilleur.

Chutes et rechutes

Parfois la venue au monde s'avère (presque) catastrophique pour le nouveau-né s'il n'est porté par une réconfortante parentalité, mais aussi pour les parents qui, démunis face à la naissance, se vivent à leur plus grand désarroi « parents abandonnants ». Un sentiment s'ajoute à l'autre, la communication entre les deux s'intensifie, l'enfant souffre d'autant plus qu'il sent ses parents souffrant « comme à cause de lui ». C'est en ce lien précocement malmené, en cette déception[2] prématurée que se situe le germe du paradis perdu.

1. Du grec *katharsis,* désignant, en littérature, le mieux-être, le soulagement, l'élévation.
2. « Déception » doit bien être ici entendue en son sens fort : telle une dé-prise prématurée, et donc ressentie comme brutalisante, et offensante car prématurée.

Quand la naissance se confond pour l'enfant avec la disparition de sa mère, le désir, qui a sous-tendu sa conception, lui est communiqué en même temps qu'un effet de peur et de perte. Là où la vie ne se transmet plus, il se raccroche, peu à peu, pour ne pas sombrer, à une volupté magnifiée, nourrie du souvenir de la vie intra-utérine qui compense la disparition. Sensation de vacuité physique (maternelle) et absence essentielle, imperceptibles, s'exaspèrent, se rapprochent de l'angoisse et menacent de se prolonger dans la dépression.

Quand l'accession au monde physique et à la réalité sociale est marquée par l'impensable épreuve et la perte de cela même qui tenait en vie, le paradis perdu symbolise à la fois l'essentielle et insoutenable disparition et la volonté de ne pas céder à la *déception* qui l'implique.

Recherche extatique pour effacer le doute, le recours au narcissisme qui nous relie à la conception première est le seul qui permette de s'affirmer là où l'on a été désiré. Le narcissisme est moins le fait de qui s'aime trop que de celui qui doute tellement de soi qu'il a besoin de vérifier sans cesse son existence, à travers l'image que lui renvoie... sa propre image dans laquelle il espère retrouver regard porteur et soutien bienfaisant d'une (bonne) mère (trop vite) (disparue). Son image, l'image (perdue) de celle-ci, censée le conforter dans la réalité, en l'affirmant autre existant en dehors d'elle et qui pourtant l'infirme et l'infirmise en s'effaçant.

Rêves d'éternité

Saisi entre une demande de douceur tyrannique et une force d'inertie perçue comme agressive, pour résister à l'attraction du vide, qui rêve au paradis perdu redoute (autant qu'elle lui est indispensable) la confrontation à la réalité et à l'altérité de crainte de les perdre à peine révélées.

L'appréhension d'avoir à faire face à une nouvelle déception le paralyse. Au présent malheureux et inquiétant, il appose un passé heureux et réconfortant. En souvenir lointain d'une union narcissique idéale et idéalisante, oscillant entre fusion et confusion, désir et crainte de s'engager, possessivité et rejet, la solitude lui étant pesante, il aspire au partage inconditionnel des sentiments. Palliatif à la sensation « d'avoir été laissé tomber », le rêve d'éternité compense une difficulté à quitter l'enfance pour habiter seul un corps d'adulte. Il a soif, il a faim, un rien le sollicite, mais rien ne satisfait son appétit. Mal armé, désarmé, pour effacer sa peine, il la déguise en s'inventant d'autres joies, mais aussi d'autres objets de frayeur, de fureur. Il lui faut pour se sentir exister réveiller son manque, alimenter sa tourmente. Quand le spectre du cataclysme premier s'avance, vite, il se sauve, s'enfuit avant qu'on ne le laisse tomber, de crainte qu'on ne le laisse à nouveau tomber !

Chaque geste, chaque parole prend une charge affective en écho à ce passé-image d'une union idéale à laquelle, pour en avoir été si précocement privé, le « rêveur » ne peut renoncer. Tout le rappelle à sa douleur, à son besoin d'y échapper, à la nécessité pourtant de s'y ressourcer. L'autre n'existe que faisant partie de « lui-m'aime » et dans l'espoir mis en lui de gagner en reconnaissance. Tel Narcisse, en effet, il semble n'exister que pour lui. La plus anecdotique séparation étant invivable, si ce n'est au prix de tiraillements intérieurs insensés, de cris, de crises, d'actes manqués, quand le rêveur lance des appels, c'est comme s'il savait d'avance que rien ne saurait les satisfaire. Comment s'aimer, lorsque tout éloignement de l'autre privant de l'essentiel de « soi-m'aime », on (se) (lui) rend chacun de ses départs insupportables ?

Entre rêve de candeur et crise d'amertume la souffrance effraie, et nécessite pour être apaisée, comme une renaissance, une « réparation ». Qu'elle soit liée à un décès ou à une séparation trop brutale, la nostalgie du paradis perdu n'a pas un effet porteur. Avec elle, c'est l'abandon à l'abandon, la provocation et la répétition de l'abandon, la fuite perpétuelle de la réalité, le sacrifice impossible de l'idéal et la demande impossible de sacrifice à l'idéal, l'appel permanent à la fusion et l'expression de la violence quand se rejoue la déception… Le chagrin, aussi fondé soit-il, sépare du monde et accentue sensation d'isolement et exclusion.

En effet, ce temps incertain se conjugue mal avec celui de l'autre. Quand sur le mode du souvenir lointain, le sujet aspire à une relation confusionnelle, la séparation la plus simple se faisant déchirante, elle risque de rendre inévitable une séparation plus cruelle. À la première rencontre resurgit le spectre de la première et foudroyante disparition. Toute séparation s'assimile à une menace de trahison. Inscrites dans la mémoire émotionnelle et affective, les traces de la première déception sont tenaces. Tout ce qui est susceptible de la raviver ébranle le sujet, telle une menace de rechute dramatique qui saperait de nouveau ses fondations.

Difficile de se situer face à qui anime ce sentiment d'impuissance mitigée de toute-puissance que n'aurait pu démentir qu'une progressive et bienfaitrice séparation. Un soutien généreux et bienveillant favorisant le marquage progressif de la loi et des interdits qu'elle suppose essentiels aide à renoncer aux rêves de perfection, à accéder à la communauté sans plus se mêler ni s'échapper dans la plus intime des confusions.

Le choix de Rousseau

Orphelin de mère, Rousseau exalta les bienfaits d'un retour à une nature idyllique pour promouvoir une éducation idéale, mais il ne put, à son tour, qu'abandonner ses enfants, comme si, livré prématurément à trop de douleur, il lui avait été interdit de sortir de l'enfance pour assumer sa paternité. Persuadé que le sort de ses enfants aurait été pire s'il les avait gardés, il s'accusera cependant de son impuissance qu'il considérera comme une faute « impardonnable[1] » – « Et quand ma raison me dit que j'ai fait dans ma situation ce que j'ai dû faire, je la crois moins que mon cœur qui gémit et la dément. » Faute d'un soutien judicieux, « mal portant », il n'a su que reproduire la douleur de la tragédie intime qu'il avait subie.

Quand la venue au monde ou la fin de l'enfance sont assimilables à une perte prématurée[2], l'enfance, en dépit du malheur qui la traverse, reste une période des plus fécondes. C'est en cette richesse que Rousseau, enfant mélancolique, puisa l'énergie de construire une œuvre qui lui permit d'entrer en communication avec le monde, et d'exorciser ce dont il n'aurait pu autrement se détacher sans se sentir détruit.

Comme s'il n'était de bonheur possible que dans la nostalgie d'une enfantine innocence, que protégerait une puissance maternante exemplaire, illimitée – celle-là même qui pourtant un jour nous laissa tomber !

1. Les cinq enfants qu'il eut avec Thérèse Levasseur ont été portés à l'hospice des enfants trouvés.
2. Deuil, abandon, viol, violence et maltraitance…

TROISIÈME PARTIE

Auteur de « soi-m'aime »

Chapitre 1

Entre deuil et douleur

Sois sage, ô ma Douleur, et tiens-toi plus tranquille.
Tu réclamais le Soir ; il descend ; le voici :
Une atmosphère obscure enveloppe la ville,
Aux uns portant la paix, aux autres le souci.
Baudelaire.

L'(im)possible séparation

Surgissement et résurgences

Il n'est de pire séparation que celles qui ne sont ni prévues ni souhaitées. Il n'est de pire séparation que celles qui laissent un goût de cendre et d'abandon ou donnent l'impression de n'avoir pas aimé – ou pas été aimé – assez. Il n'en est de pire que celles qui ravivent un manque essentiel.

Subjectives, la gravité de la douleur et sa valeur se mesurent à la sensation d'affaissement qu'elles communiquent. La plus désastreuse pour l'intimité est celle qui n'a pas été pansée. Symbolique, sa valeur se calcule en fonction de l'investissement de l'objet par le sujet au cœur de son intimité. La perte d'un animal, par exemple, suffit à révolter le cœur d'une fillette.

Une porte qui claque, un camion qui heurte un arbre, le facteur qui nous oublie dans sa tournée, et le drame antique remonte à la surface pour rappeler qu'elle fut trop vite lissée. Une lumière, un regard, un son, une musique, un prénom suffisent à en réveiller l'indicible portée. Le cœur se met en peine, on ne sait pourquoi, mais on sait que « c'est ça » sans savoir ce que c'est. La larme monte à l'œil... la retenir ou la laisser couler ? Envie de détruire l'image qui soudain fait souffrir. De l'effacer. Désir de la reconvoquer comme témoin de l'indicible et peur d'avoir une fois de plus à subir. L'enfant qui joue avec bonheur agace quand son rire charmant convie à son insu le fantôme de cette petite sœur haïe-aimée qui accapara le cœur maternel, ou cet aîné qui nous empêcha un peu trop d'exister. On se sent amer, mal-aimé. L'envie de le reprocher se dispute au besoin de refouler ce sentiment. Par crainte de le laisser monter, on le retient, au lieu de s'en alléger. Comprendre ce dont nous fûmes investi à la naissance aide à le dépasser en « s'incarnant » plus consentant !

Deuils non accomplis, douleurs déniées, refoulées, interdites par un entourage bienveillant mais *incompréhensif,* resurgissent fortuitement au carrefour d'une entrevue pour remettre en cause nos perspectives conscientes, en nous touchant démesurément, à travers une soudaine émotion qui les suscite à nouveau. Ce que raconte la douleur n'est pas simple. Reposant sur une première séparation *mal opérée,* elle se vit comme un déchirement. Tandis que la souffrance cherche à se faire entendre – depuis l'inconscient –, la douleur s'affirme en des sensations bien réelles de mise à vif de ce que l'on aspire à protéger ou à enfouir. Se propageant au corps et à l'esprit telle une infinie brûlure, elle réveille, par le biais des sens, ce qui en souffrance jusque-là dormait. Ainsi licenciement ou départ à la retraite peuvent s'avérer un crève-cœur… quand ils ravivent, à travers les émotions remises en jeu depuis l'inconscient, d'anciennes douleurs.

Ce qui fait souffrance a besoin de ne pas être méprisé, et bien le considérer permet de mieux s'apprivoiser. Il est de multiples occasions de se sentir, sans pouvoir le dire, de nouveau abandonné. Quand la douleur n'a pas été sujet de ces aimables considérations qui permettent de mieux la supporter, quand souffrant, atteint par une perte (de soi) irréparable, on fut négligé. Si la douleur fait violence, être forcé de la nier l'aiguise. C'est de cette sensation d'irréparable dont il faut parvenir à apaiser la sourde révolte.

Bonheurs imaginés

Toute souffrance incite à rêver à ce qui permettrait de lui échapper. L'esprit et le cœur aiment à se ressourcer dans des bonheurs imaginés. Faute de forces réalisantes, on se crée (en secret) des idées… La disparition (l'évanouissement dans la nature) ou la non-apparition (ne pas avoir eu de père, ne pas avoir eu d'enfant) conduisent à rêver à ce qu'aurait été la vie si ces absences n'avaient pas eu lieu...

Il est parfois plus doux de rêver d'avoir que d'accepter de ne pas avoir... Pourquoi se séparer de l'idée qui nous maintient en vie ?

Certaines relations douloureuses nous accompagnent, porteuses de souffrance mais aussi d'espoir. Quand le rêve a pris racine dans les premières années, il peut être vain d'y renoncer... Des parents parfaits, un frère disparu divinisé... Lorsque le rêve, et ce qui l'a suscité, permet d'agir, sans nuire ni (plus) se nuire (que se construire), aussi longtemps qu'il nous soutient, aussi longtemps qu'il n'est pas prétexte à exercer à travers lui sa tyrannie, la nécessité ne se fait pas entendre de s'en séparer. Si une idée nous porte, nourrit de bonheur la réalité, pourquoi ne pas la cultiver ?

Cependant, la transmission d'un rêve informulé peut devenir problématique et douloureuse pour l'entourage. Compagne, compagnon ou enfant, partenaire ou parent, pourquoi le leur imposer ? Le rêve de perfection est parmi ceux qui peuvent le plus meurtrir qui en subit les projections...

Imaginaire et idéalisation, liés au chagrin, sont ressentis comme un tiers adverse qui, habitant l'esprit de père ou mère, empêche d'être... L'enfant s'épuise à sentir qu'on le rêve parfait pour compenser une perte qui a généré chez une mère, une famille, une douloureuse impression d'amputation. Pour s'ancrer dans la vie, l'enfant a besoin de se sentir investi et exister par lui-même, pour lui-même et non en tant qu'objet de substitution, de réparation ou de compensation... écran de deuils et de projections.

De son côté, une mère, si un enfant ne correspond pas à son attente, souffrira davantage encore si elle-même a été conçue, couvée, élevée dans la souffrance, et si, objet d'idéalisation compensatrice plus que de soins, elle a dû faire appel au rêve, avec le même excès, pour survivre à l'idéalisation et parvenir à lui échapper.

Lorsque l'enfant, identifié à l'idéal maternel, tente de ne plus s'y conformer et exprime le désir de se séparer d'elle, sa mère se sent comme mutilée. Le rêve est en partie sa réalité... Qu'il refuse d'en être objet la... déréalise. C'est à travers le rêve (d'enfant) qu'elle échappait à sa douleur, restait en lien avec la vie... Que l'enfant cesse d'entrer en correspondance avec ce rêve, aspire à s'envoler, et elle-même, démunie de son objet, a l'impression d'avoir été volée. L'inquiétude s'immisce tel un poison dans la relation.

Il est difficile de renoncer à ce qui a nourri sa croyance et permis de se maintenir en vie... On ne peut tout lâcher. Vivant, il nous faut espérer.

La nécessité de se séparer d'une douleur, reconvoquant le souvenir de ce qui l'a induite, dans un premier temps, l'intensifie... douloureusement ! La nécessité de guérir passe par la réactivation de souffrances dont on ne voit pas toujours l'utilité. Il faut qu'elles se fassent entendre pour nous obliger à un effort qui, la veille encore, semblait inutile, ridicule ou insurmontable...

Certains ont besoin de vivre avec l'idée d'arriver à marcher, jusqu'au jour ils trouvent la nécessité d'y arriver et donc cessent de (se) rêver pour se mettre à apprendre à marcher... Peu importe alors s'ils marchent ou non selon leur idéal, puisque l'idéal les a portés pour y arriver... L'idée a valeur de soutien affectif positif quand l'idéal qu'elle sert est porteur d'espoir.

Un enfant qui s'est senti mal, mais suffisamment, aimé pour résister se construit, adulte, porté par un idéal qui l'exhorte à exister : venir au monde, s'élever, se tenir debout, trouver consistance, autre part que dans la douleur, quand la douleur[1] l'empêchait d'aller.

1. Le plus souvent maternelle, bien que ce soit un père qui puisse la communiquer, lui-même en ayant « hérité » de sa mère qui elle-même...

Pourtant, quand la réalité vient le contredire, l'idéal malmène la relation et rend menaçante la différenciation. Un regard maternel suffit à insinuer le doute chez l'enfant par rapport à cet idéal qui l'a porté. Un accueil froid peut laisser à un garçon le loisir d'imaginer – ou d'entendre – que sa mère lui aurait préféré une fille.

Pour un fils, prendre conscience qu'il est pour sa mère une réponse inconsciente, ou le fragment d'une réponse inconsciente, à un impossible désir du père est source de douleur. Se deviner mal-aimé, mal désiré, bientôt abandonné ou négligé, rend l'attachement suspect, et plus douloureux encore le détachement... Il lui sera plus doux d'idéaliser sa mère, de ne pas s'en détacher, que de risquer de s'en arracher.

L'idéalisation, qui fait abstraction du corps et de ce qu'il ressent, favorise la remontée d'antiques souffrances et compromet la séparation. L'accident survient pour la rappeler en termes de déchirure, réaffirmer ou infirmer la nécessité de ne plus seulement survivre à la douleur, mais de s'engager dans un processus d'émancipation, et de remaniement de la relation afin d'en extirper... la douleur.

Pour une mère endolorie, voir s'éloigner une fille dans laquelle fut déposé un espoir qui lui permit d'échapper à l'horreur, plutôt qu'un symbole de réussite, est une source de déchirement. L'idéal (enfantin) lui étant plus doux que la réalité de l'éloignement, sa souffrance ne s'apaise que dans une tendre proximité, et toute nouvelle séparation a tôt fait de la relancer.

Plutôt que d'en vouloir à un père pour ses absences, ses frasques et ses manquements, on préférera se l'inventer parfait. L'enfant, par réflexe de survie, n'aimant imaginer un parent le négligeant, tend à l'idéaliser. La perte qu'implique un renoncement à cet idéal est vécue comme un véritable crève-cœur. Pour qui a souffert de manque et d'abandon, l'entrée dans la vie active, qui implique de renoncer aux idéaux enfantins, réactive la crainte de tomber et de ne pouvoir, seul, se relever.

Qui a pris racine dans un rêve d'idéal maternel peine à y renoncer sans craindre de perdre en retour son droit à l'existence. Confondu au désir maternel, un nourrisson qui vient au monde peut ne pas suffire à apaiser le cœur tourmenté d'une mère, endeuillée par la mort d'un précédent bébé, inquiétée par l'absence d'un père, ou encore marquée par d'autres guerres. Tout empreint de la douleur de qui le couve en couvant sa douleur, et du sentiment d'avoir pour mission de l'apaiser, l'enfant se sent alors comme interdit de s'émanciper, interdit de se démarquer de l'idéal auquel il fut appelé à correspondre.

Son enfant imaginaire permet à une mère blessée de rêver à cette enfant qu'elle n'a pas été. Puisant en lui matière à réconfort, tandis qu'elle le nourrit inconsciemment de ses déceptions, il ne sait à quelle réalité se vouer. Le rêve maternel l'apaise autant qu'il l'empêche d'exister. Il s'y raccroche en même temps qu'il a envie de s'en défaire. L'idéal (meurtri) blesse l'enfant en lui rappelant sans cesse qu'il n'est pas ce qu'il est. Il a cependant besoin de cet idéal pour se conforter à l'espoir qui l'a porté.

Se déprendre d'une relation blessante menace de laisser comme amputé, psychiquement – physiquement – sitôt que se fait jour l'impression qu'en même temps que celles de sa mère, les forces peuvent lâcher l'enfant, le laisser « sans moyens ».

Autorisant peu à la peu la substitution naturelle de nouveaux gestes, le travail analytique, telle une progressive « désintoxication de la douleur », permet de s'en déprendre, de la « désapprendre » et de réapprendre à vivre sans avoir à la supporter. La vie, alors « éternelle nature[1] », encourage à se penser en termes de devenir.

---

1. Nature, naturel, au sens premier, « ce qui est à naître ».

On souffre moins de la perte de sa mère que de celle de l'espoir d'être aimé un jour par celle qui, emplie de douleur, n'a plus su nous soutenir lorsque l'on était en devenir. C'est comme une appréhension qui sous-tend nombre de douleurs auxquelles on se (r)accroche de crainte, sans soutien, de ne pas arriver à les surmonter.

Élevés en référence inconsciente à des souvenirs endeuillés impensés, la douleur devient un langage que l'on doit apprendre à ne plus parler. Le souvenir mal digéré fait souffrance et s'ajoute à la naturelle douleur de se séparer. Toute forme de guerres occasionnées par la douleur de se séparer ou le souvenir d'une séparation douloureuse n'ajoute que douleur à venir à la douleur inhérente à toute séparation, et donc la rend plus déchirante.

Le travail de cicatrisation

Un mal nécessaire

La douleur qui accompagne une séparation rappelle qu'elle est un processus initiatique plus lent que l'on ne s'imagine prêt à (le) supporter. Un processus intime qui concerne la société qui l'a (aussi) engendré et dans laquelle il se régénère. Plus lent aussi que cette société, sous l'emprise des souvenirs de guerres et autres luttes meurtrières qu'elle craint de ressusciter, ne l'admet. Phénomène dont on ne peut se débarrasser ni sur un coup de tête ni par décret, la douleur de l'un semble entraver la bonne marche de l'ensemble, quand il s'agit de vivre en communauté et de conjuguer sa vie avec d'autres. Sa considération bienveillante entrave bien moins cette conjugaison que ne le ferait sa non-résolution… Blessures d'amour-propre, chagrins adolescents, il n'est de petite douleur qui ne mérite d'être considérée… Peu importent ceux qui dénoncent le douillet : entendre ses douleurs comme celle de l'autre favorise une meilleure résolution du deuil.

Sensation pénible en un point ou une région du corps, la douleur peut également toucher le cœur et l'esprit. Cruelle alors, à l'encontre de la joie, elle interdit le plaisir en contrariant le bonheur. Silence, repli sur soi… retrait. Chagrin. Larmes. Célébration…

Le deuil quant à lui caractérise cette douleur particulière qui surgit avec la remise en question d'une relation intime. Douleur et deuil viennent l'un et l'autre du latin *dolor* auquel se rattache, en vieux français, le verbe *douloir* à la première personne du singulier… *je deuil.*

Tandis que la douleur diffuse une sensation d'isolement infini, le deuil, affliction éprouvée à la mort d'un être cher, qui autorise la communion autour de cette douleur et la légitime, tendrait à en décroître les effets. Les estompant progressivement, elle ne serait plus vécue avec une infernale acuité…

Penser que « deuil » était à l'origine un verbe actif permet de l'entendre comme un « travail », dans la mesure où, convoquant nos efforts, il invite à transformer – en passant d'un état de douleur à un autre de moindre douleur – nos sensations, notre vision du monde et nos attachements.

Processus éprouvant lorsqu'une perte nous assaille, le deuil, quand on ne lui résiste pas, produit, au fur et à mesure, quelques bénéfices – que n'autoriserait pas l'abandon à la douleur –, car il initie un retour à la vie… de l'endeuillé, quand la mort de l'autre l'avait atteint.

La disparition d'un être cher occasionne une perte malheureuse, bien sûr irremplaçable. Loin de nous condamner, elle peut être prétexte au retour à la vie avec, pourquoi pas, un certain bénéfice qui autorise une communication plus douce avec le disparu.

Il s'agit, en favorisant ce travail, de parvenir à ce que la douleur ne soit pas insupportable à en briser la vie. Il n'est pas question d'enfouir le souvenir du disparu, mais d'apaiser la brûlure consécutive à sa disparition pour laisser place à un souvenir aimable qui encourage à poursuivre, chacun à sa façon, l'œuvre d'une vie à travers la sienne.

Ainsi le travail du deuil est à la fois la douleur qui nous travaille et les efforts qui visent à l'apaisement des sens quand cette douleur accable. Il s'apparente à un processus de cicatrisation, individuelle et sociale, plus ou moins lent, qui n'efface pas le souvenir mais le rend supportable. Faire son deuil, c'est accepter la douleur, l'idée de s'en défaire et du temps pour l'atténuer, tout en recouvrant peu à peu les forces de vie.

Un deuil bien accompli permettrait de rentrer en possession de ce qui incitait à exister avant de se sentir blessé par une perte, tout en étant enrichi du travail que cette perte a motivé.

Abandon et culpabilité

Tout comme une naissance ravive détresse et sentiment de manque chez qui eut l'occasion de se sentir trahi en son enfance, la mort est signe d'abandon. À travers ruptures, départs, séparations même anodines, qui la symbolisent à nouveau, se réveillent d'antiques culpabilités liées à quelques expressions d'abandons tenus secrets.

Ce que la mort réveille s'insuffle plus cruellement encore lorsqu'elle porte atteinte à l'enfance. Comment partager ? s'en défaire ? ne pas effrayer ni fuir dans la honte ? Tiraillé entre désir de prendre la douleur sur soi et velléité de la faire porter à l'autre, on est tenté de la lui reprocher pour se sentir moins abandonné. Pleine de l'amour porté au disparu, la douleur l'est aussi de celui dont on se sent privé. Peur coupable et besoin de s'éloigner du souvenir se disputent au désir d'être entraîné dans la chute quand la douleur est à son paroxysme.

Lorsque émerge des profondeurs le spectre de l'abandon, il s'agit de ne pas se mutiler en commettant des actes coupables envers soi, comme pour justifier, sous l'emprise de la culpabilité (re)suscitée, ce qui jadis nous mit en peine. Tout acte coupable envers soi ne fait que renforcer la culpabilité sociale. Les conduites de « toxicomanie » sont ainsi redoutables, car elles entretiennent, avec la culpabilité, ce qui l'alimente, dans la difficulté à se dégager de ce qui a (re)suscité le manque.

Seul un processus de réparation et de création permet de se dégager de ce qui, réveillant l'abandon, réintroduit la recherche, comme pour se la prouver, de la culpabilité de ne pas s'être senti aimé. Se dégager de cette culpabilité veut bien dire ne plus la tenir en gage, ne plus se sentir à son égard redevable, ni lié à ce qui l'a occasionnée, pas plus qu'à l'abandon.

L'enfant (et l'enfance) meurtri en soi est (re)sollicité lors de séparations qui s'avèrent, « on ne comprend pourquoi », si douloureuses. Entre l'espoir et la frayeur… difficile de ne pas céder à la tentation d'abandonner ou de s'abandonner en s'adonnant à l'abandon, comme par fidélité à ses parents, comme pour mieux se sentir exister. Il faut se donner le temps d'apprendre à lui résister.

Une séparation difficile à opérer

Par peur de l'avenir, de ne pas réussir… il arrive que l'on entretienne la souffrance par de multiples addictions qui l'accentuent alors qu'on espère en être allégé.

La souffrance est complexe. Quand il s'agit de se démarquer de ce qui en produit la reviviscence, la volonté entre en jeu, mais elle ne suffit pas. On vient au monde avec un bagage, des souvenirs en guise d'héritage, certains heureux, d'autres moins, une histoire faite de bribes, à laquelle on se sent un jour étranger, un jour familier. Tantôt désiré, tantôt rejeté. Toujours en quête d'un peu plus... d'amabilité. Avec encore plus d'intensité si l'on a eu l'occasion de douter de ses attaches ou d'en désespérer.

Certains prénoms ainsi rappellent l'abandon. Une petite fille, baptisée Héloïse en souvenir, sans qu'elle le sache, du grand-oncle Abélard, rejeté pour indignité et décédé prématurément, pourra être en quête perpétuelle d'une improbable moitié. Certains actes dont les motivations sont inconscientes révèlent ainsi des désirs (douloureux) dont un enfant (une vie) serait le fruit. Un prénom faisant écho à un aïeul disparu dont les parents n'ont pas fait le deuil éveillera chez l'enfant le désir de le revivre à ses dépens... La souffrance de qui il incarne, provoquant à son insu d'inquiétantes résurgences, il n'en maîtrise pas les effets et peine à s'en séparer.

Prendre distance avec ce qui réactive la souffrance est problématique si la présence convoquée fut symbole de déchirements, de désirs contrariés, de souvenirs « *hantiques* », d'espérance démesurées. C'est elle qui revient en scène, sous d'inconscientes impulsions, par le biais de relations qui mettent en échec. Entre naissance et impossible différenciation, l'échec se joue comme une difficulté à s'identifier en s'affirmant, sans affirmer d'abord la sensation qu'un jour, « on » nous laissa tomber ! Répétition inlassable de cette première fois où sans force on se sentit perdu, sans appui, la souffrance est l'appel au secours de qui, seul, ne peut la faire taire.

Lorsque les motivations de certains actes qui nous semblent désastreux nous échappent, un soutien psychanalytique peut avoir d'heureuses répercussions par un effet de transfert qui compense la sensation, plus forte que toute réalité, d'avoir un jour été mal accueilli, non invité ou négligé, soumis, dans l'intemporel, à un indicible abandon. Quand la réalité se dit mise en scène ininterrompue de conduites d'échec, le soutien (transférentiel) et l'appui (amical) aident à trouver, à mieux cerner ce dont on doit se détacher pour opérer cette séparation symbolique, qui entre en résonance avec la naissance et ce qui y a présidé.

L'heureux transfert autorise le sujet à advenir, l'aide à se décharger de sa douleur... à se prendre en main, à faire de la séparation son œuvre !

Soumettant le baromètre de notre cœur à de permanentes oscillations... la disparition de l'aimé interroge sur le lien qui attachait à lui et maintenait en vie. Répondant à une perte réelle, le deuil réveille la difficulté de devoir quitter qui ne nous a (peut-être) pas (suffisamment) aimé pour rester près de nous, celui (celle) qui nous fait douter de notre amabilité puisque nous n'avons su le (la) retenir. Il avive un sentiment d'impuissance qui renvoie à une originelle fragilité, à l'éphémère, à l'à quoi bon, au trop tard, au peut-être pas... Tandis que son innocence permettra à l'un de ne pas se sentir atteint, la résistance de l'autre lui vaudra protection.

Nous ne pouvons échapper à notre humaine et originelle fragilité.

Face à la disparition, l'un tel Petit Poucet, pour survivre, compenser la perte, y remédier fera preuve d'ingéniosité, le second sans se résigner plongera dans la méditation, un troisième se fondra au désespoir, ne trouvant d'issue qu'en courant à sa perte, telle Phèdre dans l'autodestruction.

Le sentiment que laisse le disparu est complexe. Si sa fin est réelle, les traces plurielles disséminées en chacun ne le sont moins. Il se décompose en autant de visages qu'il suggère de souvenirs.

Difficile de s'avouer qu'on ne l'a pas toujours aimé de son vivant, de ne pas lui tenir rigueur d'avoir disparu sans avoir laissé le temps de mieux l'aimer... de se dire aujourd'hui qu'on l'aime et que pourtant on ne l'aime pas tant... Il renvoie à l'impossible limite, affirme la nôtre précocement, nous invite à la disparition en même temps qu'il force à la refuser. On a envie de le lui reprocher et, craignant de trop s'en rapprocher, on s'en éloigne avec la peur de l'oublier...

À trop aimer on cherche d'abord à se rassurer. En monopolisant le disparu, on le prive de l'amour que d'autres pourraient lui porter. Vivant, on aspire à exister à travers le défunt. L'espoir d'être son seul et dernier amour pour la première et la dernière fois, façon de s'aimer au détriment du vivant, aide le souvenir à se réparer.

La difficulté de se séparer de qui ne nous a pas assez aimé (pour rester auprès de nous, nous conforter, ne pas disparaître) est une façon de garder l'espérance. Avec le temps vient l'apaisement, la prise de conscience de l'impact négatif des tourments infligés et de la nécessité de ne pas rester sous son emprise. Pour que la chair se remette d'une blessure, que le cœur se réveille d'un malheur, que la plaie creusée par la douleur, tel un mauvais rêve, se dissipe, il faut encore lui laisser le temps de bien cicatriser. Les variations de la cicatrisation se dessinent doucement telle une symphonie tantôt ébouriffante tantôt génératrice d'un retour à la candeur. La blessure se rappelle quand on veut trop vite l'oublier, aussi longtemps que l'on n'a veillé à ce qu'elle soit bien refermée. Marque du souvenir de l'autre, invitation au respect, trace de l'amour que nous lui avons porté, la cicatrice, laissée par le deuil, nous le rappelle. Même lorsque l'amour ne se dit plus (au) présent, il ne disparaît pas tout à fait...

Le deuil au sens large est l'expression de la douleur qui surgit lorsqu'il s'agit de se séparer d'un paradis perdu qui maintenait jusque-là dans l'illusion. Ce qui reste en souffrance dans l'inconscient déborde sur le réel, freine ou condamne à l'impuissance.

Quand l'illusion apaise les sens endoloris, comment y renoncer ? Pourtant, ne pas y renoncer signifie s'interdire de nouer d'autres liens. Les drames les plus fous nous renvoient à l'idéal le plus insensé, auquel il faut renoncer pour réapprendre à aimer. Temps d'assimilation, temps de réparation, temps terrible de l'acceptation et de la séparation. Temps de la réconciliation, temps progressif de la perte de culpabilité, temps du désir renouvelé.

Aucune douleur ne se dissipe dans l'indifférence...

Se déprendre d'un malheur, c'est découvrir le bonheur d'avancer, sans renoncer à lui, sans se soumettre à des influences (funestes) ni tout à fait quitter ce malheur, car c'est aussi au sein de la douleur que se lovent les forces qui ont donné la vie.

La part de soi, la part de l'autre

Combattre, pour le surmonter, le sentiment d'injustice oppressant qui accompagne les séparations les plus fondatrices, fait partie des apprentissages de la vie.

Induits par des actes pervers – la volonté de détruire, l'absence de considération, la goujaterie délibérée –, ces émois douloureux sont plus âpres à surmonter. Perturbant l'âme sensée, ils la fragilisent en exacerbant sa sensibilité rendue plus réceptive.

Nous avons tous été soumis à la perversion d'un parent, d'un professeur, d'une dame du catéchisme, d'un supérieur abusif auprès de qui on s'est senti abandonné. Sans être *normale*, cette perversion fait partie des maux courants de l'humanité, et nous en sommes tous à divers degrés « atteints ». Aussi longtemps que l'on ne s'y complaît, elle n'est ni plus ni moins grave qu'un virus grippal, dont le diagnostic annonce la guérison.

Se séparer, c'est aussi apprendre à discerner ce à quoi l'on doit s'accoutumer pour se développer de ce que l'on est en droit de refuser au nom de l'humanité.

Il est nécessaire de distinguer ce qui fait partie de l'initiation et de l'accession à la vie collective de ce qui, nuisible en son essence, doit être tenu à distance, sans s'attirer de foudres encore plus nocives ni déclencher d'émeutes émotionnelles. Alimentant la perversité, la rébellion enchaîne plus qu'elle ne libère. Se déprendre de réflexes de défense contractés sous l'influence de mauvais traitements n'est pas plus aisé que de ne pas perpétrer à son tour ces mauvais traitements. Réflexes de peur, de protection, de méfiance, épuisement, rigidités, perte de confiance en sont les expressions. Discerner le juste de l'injuste, le bon (en soi) du douloureux, le plaisir de la souffrance, ce qui est justifié par une saine démarche de ce qui l'est par une volonté de nuire à laquelle on se doit d'échapper, sans considération de jugement de valeur, mais en se fiant à sa sensibilité pour rester en accord avec ses valeurs, lorsqu'on fut soumis au pire, aide à éviter – tout en se réparant – de reproduire le pire sur plus faible que soi.

La frontière est infime entre ce qui (nous) convient et ce qui ne (nous) convient pas. Rien n'étant définitivement déterminé, comment se départager entre les attaches qui nous lient à nos racines et les espoirs qui portent nos projets ? Comment accepter de froisser la susceptibilité de qui dit nous aimer sans l'outrager, lui rester fidèle sans se laisser entraver ?

Chaque fois que, quittant le passé, nous atteignons un nouveau palier, nous devons redéfinir nos choix. Face à un (nouvel) inconnu, il nous faut nous réorienter, nous réinventer. Nous sommes tous des funambules en matière de sensibilité. Nous frôlons le danger sans lequel nous ne pourrions avancer, tout en l'évitant ; nous ne cédons pas à la tentation qu'il représente ni à cette peur qui interdit l'avancée, quand nous devrions faire appel à la prévention, à la prudence, à la prise de précautions, pour la surpasser.

Porté par l'attraction en même temps que freiné par la crainte de l'ailleurs, on doit se frayer une voix pour s'affirmer à travers de nouveaux enjeux, sans se laisser arbitrairement arrêter par une morale extérieure rigide, indifférente aux aléas des sens, ni par un code répressif et dénonciateur, mais en adoptant une morale consentie, évolutive, selon une échelle de valeurs, à la fois adaptée à la sensibilité et en accord avec les exigences sociales.

Il suffit de peu pour basculer du côté où l'on (se) fait – d'un point de vue moral ou affectif, personnel ou social – plus de mal que de bien, même si aucune douleur n'est perceptible dans l'immédiat. Aucune lisière ne préexiste qui définirait dans l'absolu ce qui porte ou non atteinte à la vie. L'éthique n'a de cesse d'être interrogée. Expériences, découvertes, inventions génèrent chaque jour de nouvelles questions.

Opérer une séparation, d'un point de vue légitime et étymologique, lorsque l'on se sent abandonné n'est autre que faire… *œuvre de vie* !

Chapitre 2

De l'impensable à l'impensé

Quand un chagrin laisse dans la perplexité, la douleur entraîne dans la tourmente et laisse affleurer la sensation d'être condamné. Viol, meurtre, accident, décès, l'événement qui induit la douleur a besoin d'être pensé.

« Panser » et « penser » sont de la même famille. Penser est le doublet de « peser », rattaché lui-même à « pendre », au sens de *fixer*. Qui pense fixe et pèse dans son esprit et, par glissement, applique son esprit à un objet ou un sujet, l'estime, prend les mesures nécessaires pour accomplir ce qu'indique la pensée, soigne attentivement et… panse !

Lien brisé ?

La trame de la douleur est complexe. Qui abandonne ne laisse pas que de bons souvenirs.

Quand surgit un drame, à la douleur première, physique et psychique, s'ajoute celle de l'impossible à révéler. Que faire quand la honte se mêle à la culpabilité, la fascination à la détestation ? Qui disparaît nous abandonne à la douleur, on lui en veut de ne pouvoir la partager avec lui. La révolution qu'induit l'impensable dans notre intimité comme dans notre entourage rend difficile un retour à « la normale ». Déchaînant les passions, le drame, qu'un rien réactive, donne l'impression que l'on ne peut plus figurer parmi les vivants.

Quelle que soit la grandeur du destin de Médée, son choix n'est pas celui que nous aimerions suivre. Quand la disparition, du père, de la mère, de l'amant, et l'acte[1] qui sépare étaient imprévisibles, un goût amer d'irréparable ou d'inachevé monte à la gorge, nous emplit la bouche. S'impose le besoin d'étouffer la douleur pour s'en anesthésier, au risque d'en transmettre les méfaits de génération en génération.

Entre l'amour dont on ne doute pas et la haine qu'inflige la souffrance subie mais inavouable, on ne peut se laisser aller. Les mots qui affluent ne correspondent pas au ressenti. Ils se cognent à la porte de l'interdit. L'écoute qui soulage n'est jamais celle qu'on espère. Rares sont les personnes sur qui, dans la douleur, on peut compter.

La survenue de l'impensable contredit toute vérité. La perte accidentelle de son époux peut conduire une femme à emprisonner son dernier-né dans les filets de l'insécurité, quand les premiers ont bénéficié de la liberté que, soutenue, elle leur avait progressivement accordée. Le drame rappelle à la solitude. Délaissée par la « mort subite » d'un mari protec-

1. Décès, accident ou crime.

teur, on se réfugie dans l'enfance, derrière ses enfants, peinant à assumer seule des responsabilités jusque-là partagées.

Face au parent fragilisé qui retombe en enfance, l'enfant cherche à le réparer, pour survivre, se sentir autorisé à exister, en devenant parent de son parent. Tout traumatisme infantilise et réactive d'anciennes vulnérabilités. Nul n'est à l'abri définitif de l'orage ni immunisé contre la catastrophe... La traverser, en réchapper, choisir de la sublimer confèrent des forces qu'ailleurs on n'aurait su trouver.

Le soutien d'un enfant qui se trouve en prison ou accidenté lui fournit le réconfort dont il avait été jusque-là privé. Autocritique et contrition, compassion et éveil à la réalité, le parent (se) répare en pensant et pansant la douleur, tout en exhortant l'enfant à prendre dorénavant soin de lui.

Erreurs, accidents de parcours, bêtises surviennent souvent pour dénoncer un abandon parental. Ils favorisent une meilleure séparation quand ils ouvrent sur la conscience et invitent à réparation. Améliorant alors les attaches, ils permettent à l'enfant de s'acheminer avec plus de douceur vers la maturation et, le moment venu, vers une bénéfique émancipation.

Apprendre à vivre est aussi apprendre à entendre ce qui se dit à travers l'accident, tandis que l'ignorer, même par générosité, aggrave le symptôme abandonnique en retardant son éclosion. Quand la douleur a été refoulée, le deuil entravé, l'impensable qui provoque l'effroi tu et masqué, l'impensé fait « accident ». Source d'émotions, de bouleversement, passant comme inaperçu, il percute la réalité et renvoie à chacun des membres d'une famille des éclats de cette réalité.

Comment l'assimiler sans se perdre, ni se sentir abandonné, ni se livrer à l'abandon ? Comment ne pas reproduire à son tour de l'irréparable ? Comment se faire entendre, se délivrer d'un chagrin sans l'exhiber ? Que faire lorsque l'homme qui nous a aimé et que l'on aime encore nous abandonne pour une femme et, sous l'emprise d'une passion qu'on s'apprêtait à pardonner, néglige ses enfants ? Quand l'horizon brutalement s'obscurcit, comment se projeter dans l'avenir sans se sentir privé ?

Invitation à la mesure, la conscience de la portée, sur les enfants, des actes commis encourage à ne pas céder à la facilité des dépendances occasionnées ou réveillées par la douleur. Trouver les mots pour le traduire atténue l'impensable malheur. Choisir de ne pas l'envenimer ni le reproduire est un exercice de l'extrême. Échapper à son emprise et mettre un terme à ses méfaits relève du défi, du choix de vie.

Une douleur peut donner l'impulsion au désir d'éviter sa répétition, être perçue comme invitation suprême à la vigilance, à l'art autorisé de savourer la vie en l'acceptant jusque dans ses dimensions les plus cruelles. La fuite, elle, nous soumet avec notre entourage à toutes les cruautés.

Se délester ou s'enliser

Un petit vertige ? Un doute ? Rien de grave, dit-on, mais l'émotion extrême engendre un malaise. On rougit. On n'a rien fait (de mal), mais le regard des autres nous semble vaciller entre plainte et mépris, moquerie et pitié... Une cigarette, un verre de vin... et la confiance semble récupérée.

Crimes d'inceste ou crime de guerre... comment ne pas se sentir perdu ou déboussolé lorsque l'on découvre qu'un parent a commis le pire ?

Une blessure narcissique tenue secrète pèse sur les enfants et, parce qu'elle les dissocie de la société, elle se traduit en anxiété d'être à son tour coupable ou abandonné.

Faute, erreur, crime, faiblesse, manquement dont on hérite sont vécus comme une amputation insidieuse – à venir et passée à la fois – qui au présent nous lèse et menace de nous rayer (de la carte, de la famille, de la société...). Difficile de s'émanciper de la douleur quand elle nous a constitué, sans mettre sans cesse ses forces et son corps à l'épreuve, sans prendre des risques que l'on choisit de surmonter pour réparer ses parents en se « ré-parent... » Se montrer exemplaire est une façon d'acheter son droit de cité (par l'intermédiaire parental compromis) et, inconsciemment, de racheter ses parents. Par des exploits les rendre aimables et se rendre aimable vis-à-vis d'eux que l'on n'a pas su retenir ou qui nous ont négligé en se négligeant à travers crime, oubli, faiblesse, incapacité, faille ou défaut. L'exemplarité ouvre le droit à un orphelin même malmené de conquérir auprès des autres reconnaissance et dignité.

Un drame vécu par ses parents est perçu comme une agression. La souffrance est le pire des attachements. Qui la provoque en nous induit sentiment de trahison et d'isolement. Compassion ou prise de distance ? Quand l'attache reste affectée, une réparation bien accompagnée s'impose pour ne pas payer sa vie durant ni faire payer à ses enfants les drames de ses parents.

Comment parer à la transmission de la faute ? à sa reproduction ? Comment ne pas s'illusionner en sous-estimant ses effets sans les dramatiser ? Comment faire intervenir la loi sans faire intervenir la terreur par la loi ? Comment ne pas être scandaleusement sévère et cruel comme Créon ou odieusement léger et lâche comme Laïos ?

Comment quitter qui ne nous a aimé ? Dont la conduite (criminelle ou accidentelle) a laissé entendre que nous n'étions pas assez (beau, fort, bon, aimable) pour l'inviter (nourrisson) à se conduire différemment ? Comment devenir aimable quand la haine d'une mère dont nous sommes endeuillé se rappelle chaque jour à travers effets de manque et d'absence, sinon en s'avouant que nous courons le risque de reproduire la haine de celle qui nous a, tel un amoureux mortifié, éconduit.

Qui a dû se construire sur la haine, le mépris ou l'indifférence... peine à s'en détacher : il est difficile d'échapper à ce dont on fut en abondance abreuvé et qui coule peut-être dans nos veines. Quand un lien peu aimant nous a alimenté depuis l'enfance de sentiments confus peu porteurs, vient aussi le moment de se situer... non plus contre mais pour...

Mieux que la haine à travers laquelle on se sent aussi exister, un deuil – consécutif à un décès, une absence, un licenciement réveillant un sentiment d'injustice plus antique – bien accompagné, bien accompli, rend apte à se libérer d'un amour entaché souvent trop attachant. Plutôt que de s'éloigner de façon déchirante et improductive ou d'aspirer à l'impossible dans la volonté de changer l'autre, agir sur soi favorise l'ouverture par le regard ainsi renouvelé et influence dans le meilleur des sens la relation qu'il régénère... Tout est affaire d'interactions.

Accepter le drame, qui nous a peut-être porté, non plus comme une partie de soi (détestable), mais tel un fil auquel notre vie a été rattachée et dont il est vital de ne plus dépendre. Apprendre à l'estimer, en saisir la valeur, ne plus en avoir peur, à le peser, oui, avec des mots, le soupeser, pour ne plus avoir à le souffrir... Pour ne plus reproduire la douleur, apprendre à soigner, à regarder, à porter un regard bienveillant et intelligent sur ce qu'elle produit, mais vivre ce qu'elle a laissé entendre, comme un appel décent à la vigilance, pourvoyeur précieux de ressources pour nos difficultés ultérieures.

Heureux ou malheureux, on peine à se séparer de ce à travers quoi on s'est senti exister... Autant alimenter la flamme d'une passion réjouissante est vital, autant la complaisance dans le chagrin est dévitalisante. Les forces de ceux qui nous aiment menacent de les abandonner quand ils sentent que nous cédons à la tentation de céder à la douleur !

« Vivre avec » ce qui a procuré de la douleur serait d'abord apprendre à s'en séparer… à ne plus se complaire en ce qui l'alimente, à ne plus préférer la compagnie de (ce) qui fait souffrir à celle qui encourage une communication créatrice rassurante.

Il s'agit d'apprendre à vivre non plus dans la douleur (avec elle) mais de se réconcilier avec le souvenir de ce qui l'a engendrée. Amour, peut-être, ou accident, passion funeste ou cataclysme, disparition ou réapparition, ce qui mit le corps en panne et le cœur en peine ne doit plus être un souvenir affligeant.

Pour un enfant, voir père ou mère en pleurs, les sentir en détresse est source de détresse. Pour un amant, voir son amour en peine est source de peine… Aimer sa douleur est une façon de s'interdire d'aimer, un moyen de s'attacher qui on aimerait aimer, de se le fidéliser en l'invitant à la détresse.

On s'attache autant à ce qui nous a blessé ou peiné qu'à ce qui nous a aimé, douloureux attachement que nous confirmons par des gestes, entre obsessions et rituels. Parfois évocateurs de pacification ou de tendresse, ces gestes nous permettent de vérifier nos malheurs et nos déchirements plus que l'amour qui fut porté… Sans se soucier de heurter le vivant qui aujourd'hui nous est offert, nous l'annihilons, tout comme nous avons eu l'impression, à l'occasion d'un chagrin pas encore digéré, d'avoir été annihilé.

L'abandon s'imprime dans la mémoire comme une trahison. L'idée de se déprendre de ce qui en alimente le sentiment laisse planer la crainte qu'une nouvelle trahison ne resurgisse. Toutefois, tandis que l'on s'y accroche, elle se persuade d'agir… Porteur d'un sentiment de trahison, nous le communiquons, au-delà de nos mots, de nos gestes, de nos intentions avouées… De crainte de lâcher une douleur, on prend le risque de la transmettre, de faire souffrir ou fuir... de recevoir en retour cette trahison à ne pas reproduire...

Lorsque l'on entretient, comme malgré soi, non le souvenir de qui nous a aimé mais la douleur occasionnée par la disparition de sa présence à nos côtés, vient la nécessité d'apprendre à s'en extraire pour vivre.

Le sentiment de traîtrise se glisse quand une chose se fait passer pour une autre, quand un sentiment d'amour laisse passer de la haine ou que la vie insuffle de la mort... Quand l'idée de bonheur exprime d'abord sa douleur, c'est de la seconde dont il faut se départir pour recevoir et donner ce que nous aspirons à donner. Distillée au quotidien, la douleur alimente la douleur, quand pour aimer il faut apprendre... à aimer ailleurs que dans la douleur.

La tentation de l'échec n'est pas vouée à d'implacables répétitions. Entendre la difficulté annonce sa résolution pour qui souhaite s'y atteler ! La réparation favorise la séparation (de ce qui fait souffrance), l'une est l'autre cheminant simultanément.

Oser l'affirmation – dans la différence – sans être assailli par d'insupportables culpabilités ni renier son humaine appartenance. Apprendre à se désolidariser de phénomènes blessants qui entretiennent la fragilité, altèrent la pensée, parasitent la communication et, parce qu'ils interdisent l'avancée, favorisent de nocives dépendances. Apprendre à se fortifier, sans plus confronter ses blessures « au même[1] » mais en devenant l'égal, encourage l'être à exister sans reproduire ce dont il aspire à se départir. La conscience de la nocivité encourage non à rompre mais à modifier en profondeur l'organisation qui régit certaines de nos « familiarités », à réorienter son destin en s'intéressant, pour l'interroger, à ce qui a pu y présider.

1. Quand « d'instinct » on se dirige vers qui souffre au risque de réveiller sa souffrance de façon désordonnée en vérifiant la nôtre.

Se détacher de sa souffrance, c'est se détacher de ses parents, s'amener soi-même là où eux n'ont pas su nous conduire, tel un fruit (de qualité !) à maturité. Le détachement n'est pas affaire de distance kilométrique mais d'état d'âme, d'esprit ou de cœur, d'autorisation – sans peur ni rancœur – à renoncer au regret de ne pas être (né) ce que l'on n'a pas été… afin de se reconnaître tel que l'on est sans plus se chercher dans le regard de l'autre comme s'il était la mère ou le père que l'on n'a plus, que l'on n'a pas eu…

Séparation et sevrage

Un enfant bien porté vit de bons contacts et de saines séparations. Le sentiment d'égalité qu'il en retire est le meilleur garant de son développement.

« Être reconnu par ses *pairs* » signifiait être l'égal, le « pareil ». Le latin *par* dont pareil est issu s'est décliné en plusieurs directions dont la seule esquisse suggère combien salutaire – bien qu'ardue et complexe – est l'affirmation de l'identité par l'autonomie. Ainsi, dans la même famille se côtoient « paire » (groupe de deux choses égales) et « parier » (jadis mettre de pair, à égalité, des enjeux égaux), d'où « apparier » mais aussi « parité » (tant réclamée aujourd'hui entre sexes) « préparer » et « parent », « celui qui met (un être pareil !) au monde »… La préparation d'une naissance, la naissance à l'indépendance, permet de bien se séparer, autrement dit de se disjoindre sans s'entre-déchirer. « Parure » et « parade » font également partie de cette même famille… La déclinaison favorise l'imagination et fait écho à celle qui anima la communication de nos ancêtres. Apparat, disparate et apparence, mais aussi appareiller et comparer, qui accouple et met en parallèle… Réparer pour remettre en état. Et enfin, parmi d'autres encore, « *désemparé* », *qui n'est plus ou n'est pas paré pour se défendre*... Sentiment ressenti par qui peine à se séparer parce que mal... préparé.

La douleur ressentie à l'idée d'une séparation est légitime, il est porteur et profitable de la mener *à... bien* sans retourner à de vaines et nuisibles habitudes.

Se « dépareiller » de ses parents, sans plus chercher à faire paire avec père ou mère, tout en aspirant à les reconnaître ou se faire reconnaître comme pair serait un pari s'apparentant au défi à relever. Délicate, cette séparation initie une différenciation qui prépare à devenir à son tour parent dans un esprit de parité... autorisée ! Telle une opération, elle contribue à parfaire ce qui avait été laissé à l'imparfait douloureux, à compléter ce qui de l'humain avait été mis, faute de soin, en suspens. Pour parvenir progressivement à maturation, sans plus réactiver ces « *hantiques* » souffrances qui traversent les générations, et se détacher de la branche, se disjoindre de la source, sans nourrir de ressentiment à son égard.

Une fois rendu à l'égal de ses pairs, on peut... quitter l'enfance pour devenir parents bien portants, parents réconfortants...

La séparation – pour que nous ne soyons plus tributaires de malheureuses dépendances affectives qui, faisant corps avec nous, nous maintiennent plus ou moins étrangers ou prisonniers chez nous – pourrait être entendue comme le besoin de ne plus *faire paire* avec les sources familières de souffrance, s'en *dépareiller* pour exister en osant la différence.

Les bonnes dépendances étant celles qui nous permettent d'aller bien, il n'est, en la matière, pas de meilleur évaluateur que soi pour décider de ce qui convient, au cœur de son intimité. C'est un travail de longue haleine, qui ne peut se faire sans appui, ni une certaine douleur, redoutée et pourtant nécessaire. Une fois affirmé dans la différence, on peut retrouver l'autre sans plus se fondre à lui... que cet autre soit mère ou enfant, père ou amant...

Sevrer étant le doublet populaire de séparer, on comprend qu'un sevrage mal opéré rende problématique la séparation. Le sevrage idéal n'existe pas, mais le bon est celui qui laisse à l'enfant le temps et le loisir de conquérir son émancipation.

La crainte de perdre l'enfant mis au monde – de l'abandonner ou d'être abandonné par lui – est inhérente à la condition féminine. Plus ou moins lancinante dans le cœur maternel selon qu'il a été ou non lésé par le sentiment d'abandon, elle conditionne nombre de comportements humains. Appréhension naturelle, toute perte (maladie, hérédité, guerre, accident), en l'intensifiant, retarde la séparation.

Concernant l'enfant que nous avons comme celui que nous avons été, le sevrage met en question la séparation par le biais de la nourriture essentielle que symbolise le lait maternel, et par suite tous nos attachements. Séparation et réconciliation amoureuses s'en imprègnent, mais aussi les manies dont nous aimerions bien nous débarrasser, auxquelles on se rattache comme à du lait envenimé dont on ne saurait se passer. Cigarettes, ongles rongés… disent cette mère pas si bonne/pas si mauvaise qu'il est si difficile de quitter, que l'on aime parce qu'elle nous a donné la vie, que l'on n'aime pas parce qu'elle nous a aussi donné (de) la mort… souffrance, douleur, déplaisir… dont il est si difficile de se défaire.

Lorsque le sevrage a été affecté… lorsque quitter sa mère résonne en nous comme mourir un peu (trop) et donne l'impression de la renier, il faut le rejouer. Réparateur alors, le meilleur sevrage (plus de cœur ou d'esprit que de corps) est celui dans lequel on s'engage parce qu'il nous convient. Progressif ou radical. Ainsi certains s'arrêtent de fumer en voyage, d'autres installent une distance géographique entre eux et leurs parents pour les aimer mieux sans recours à des mots blessants. Certains ont besoin d'aide ou d'appui ; d'autres, qui dans leur enfance en ont (trop) reçu, préfèrent n'avoir recours à rien par besoin de développer leurs propres forces. En matière de sevrage, il n'est pas de recette miracle. En ce domaine, écouter son instinct est le plus judicieux. Le meilleur soutien est celui dont on a l'impression qu'il est fiable.

Projetant (de) son passé (conscient ou non) sur le présent, chacun module le réel selon son histoire et les émotions liées à son ressenti. Détecter ce qui pour soi est source de souffrance pour s'en différencier favorise l'adaptation indispensable à la survie. Telle celle – courageuse, exemplaire et tragique – de cette petite fille à qui sa dignité permit de survivre à un régime dont plus d'un serait sorti mort de faim ou de froid.

Séquestrée et violentée à 12 ans dans d'atroces conditions par un geôlier pervers qui lui raconta qu'il la protégeait d'un méchant chef qui en voulait à son père, elle parvint à ne pas céder au sentiment de perdition qui plus d'une fois l'étreignit.

Persuadée que ses parents refusaient de payer une rançon, elle consigna chacun des actes et des faits marquants de sa journée dans son agenda d'écolière, dessinant, inventant des jeux, rédigeant des menus imaginaires, demandant pardon de ne pas toujours avoir été une bonne fille, promettant de l'être dorénavant, mais s'étonnant qu'on ait pu l'oublier. Se croyant à l'abri, dans une « super cachette », nourrie de mets avariés, ne sortant que pour faire le ménage chez son « protecteur », quand la police la délivra, épuisée, elle crut que c'était à la demande de l'homme. En attribuant une conduite indigne aux parents de la fillette, il était parvenu à minimiser sa monstruosité, à s'attirer les faveurs de l'enfant, à l'inquiéter pour affaiblir ses défenses et abuser d'elle. Criminaliser les parents, rien de tel pour transformer une séparation en déchirure. Si terrorisée, culpabilisée par le désaveu parental, l'enfant ne put qu'avaler le mensonge, sa hardiesse lui permit de ne céder ni à la détresse ni à la fatalité. Restant active, elle entreprit une démarche réparatrice, portée par l'espoir de revoir un jour les siens et regagner leur amour.

On peut l'imaginer, telle Cendrillon, puisant son courage en quelques fabuleuses ressources qui lui permirent de développer les germes d'une extraordinaire résistance.

Je suis n'est pas tuer

Le sentiment d'irréparable renvoie une image diminuée de soi qui, freinant les élans, minimise les capacités d'action.

Comment hériter d'un homme (secrètement) (rendu) coupable, quand on ne peut appréhender la valeur de ce qui lui est reproché ? Crime réel ou symbolique, la culpabilité laisse tout imaginer, souvent le pire, et parfois le pire est survenu… D'autres fois rien de grave, mais le simple fait d'en avoir douté, et (re)douté le pire, suffit à meurtrir en laissant supposer qu'un drame s'est déroulé.

Héros d'un jour, criminel du lendemain, les actes de nos ancêtres idolâtrés sont parfois contestés avec le temps. Approcher ce qui a suscité un geste hier loué, aujourd'hui condamnable, aide à s'en émanciper et nous épargne d'accomplir à notre tour, en « toute innocence », des crimes dont le souvenir portera souffrance à notre descendance…

Comprendre les motivations individuelles qui ont présidé à un crime extraordinaire en temps de guerre, penser la culpabilité qui en découle donnent (de bonnes) raisons de ne pas reproduire du crime, quelles que soient les circonstances. Admettre le risque de la reproduction, la difficulté d'y échapper, affirme le désir de ne pas y céder.

Entendre ce qui fait souffrir en notre humaine essence évite de faire souffrir l'humain en son essence… L'autodéfense n'est pas coupable. Expression de l'humaine fragilité menacée, elle ne peut être brandie à titre d'exemple ni de contre-exemple… Quand une société se fait cruelle en temps de paix vis-à-vis de la détresse humaine que les guerres ont suscitée, elle ressuscite, par ses condamnations, de la détresse, sans donner les moyens de l'apaiser.

Une fille rendue coupable durant la guerre d'être enfant d'armurier, tirée en arrière par ce sentiment qui l'attache à un père qu'elle aime mais qu'elle hait, peut en société se sentir… désarmée !

Par instinct, on voudrait n'hériter ni de la faute ni de la culpabilité, mais elles se transmettent par voies insidieuses. On hérite des réactions à la faute dont on subit les contrecoups. Supportée comme une injustice, la culpabilité nécessite d'être pensée en ses multiples ramifications. Impensée, elle invite souvent à des actes sadiques et autodestructeurs qui, sans la minimiser, la pérennisent.

Limites inquiètes et inquiétantes, inexpérience, peur de trahir, honte de transgresser nous minent, nous empêchent de grandir et nous cantonnent dans de mauvaises dépendances. Là où nos parents ont échoué, la réussite se confond avec la transgression de l'interdit. Leur donner tort, faisant craindre parfois de perdre la vie, inconsciemment, nous préférons nous raccrocher à certaines de leurs fautes, comme si nous les avions commises ou induites… quand se désolidariser de l'erreur leur ferait honneur.

Tout se passe comme s'il était insurmontable de transgresser à titre personnel un mandat familial, alors que transgresser « l'interdit de se désolidariser » réhabiliterait une lignée plutôt que de la désavouer. Peur de nuire et de se nuire, crainte (intériorisées) de (criminelles) représailles, étouffant le désir d'exister, on noie son chagrin malheureux dans de tristes dépendances… Vaincre la crainte en affirmant son désir sans alimenter cette source d'attachements affectifs nocifs qu'est la mauvaise conscience favorise le désir de réussir et aide à se libérer de fautes réelles, fantasmatiques ou imaginaires enfouies par une famille, en les ramenant à la conscience pour l'en décharger. Une réussite de façade dissimule souvent déchirure et saignements. Sous l'impulsion de phénomènes d'identification et de projection inconscients, on se complaît dans de petits crimes qui, passant inaperçus derrière des signes extérieurs de richesse ou de noblesse, ébranlent en douce les fondations.

Un travail de restauration en profondeur de la structure affective est vital pour que l'apparence prenne sens dans la réalité et gagne une valeur qui autorise à se détacher « de ce que l'on n'a pas commis ».

Une faute peut être fatale… si pèse son souvenir enfoui passé sous silence. Est-ce lui qui se fait entendre lorsque « à l'improviste et sans raison » on se sent surpris en flagrant délit ? Il faut apprendre à ne pas s'en vouloir pour les fautes commises hier. Il ne s'agit pas tant de pardonner que de ne pas en rajouter à la condamnation. De ne pas s'en servir pour s'inférioriser ni à son tour écraser d'une prétendue supériorité.

Avant que de juger ou d'avancer, il nous faut réparer.

Un crime qui nous entache et nous attache…

Tout « coupable » propage un effet de distorsion du réel et soumet ses proches à d'invisibles tortures. Ressenti de part et d'autre comme un crime, l'abandon d'un enfant et ses contrecoups peuvent se transmettre ainsi de génération en génération… La culpabilité est en effet un poison qui maintient dans la dépendance. Même refoulée, elle se diffuse et rend inconfortable la complicité la plus tendre.

Tout ce qui pénètre par effraction dans l'intimité de l'autre est à considérer à divers degrés comme « crime » car portant atteinte à la vie, raison pour laquelle l'enfant se supporte mal et se sent abandonné, livré aux forces du mal, quand la culpabilité parentale le contamine.

Nommer ce qui fait crime, en faire admettre la nocivité humaine et sociale, aide à se libérer des dépendances douloureuses qu'il induit : il ne s'agit ici ni d'invitation à la confession ni d'aveu sous la torture, mais d'autoriser, en l'inaugurant, un « travail » de réparation.

Le soutien psychanalytique, visant à rendre sa liberté et sa responsabilité au sujet, encourage à rendre manifeste, ce qui, latent, inaccessible, enfoui, balbutiant en nous, se rend indéchiffrable, ce qui, au détriment de la vie, sous l'emprise inquiétante d'un sentiment d'abandon exacerbé, insuffle à notre conduite une connotation « distordue » qui fait barrage au sentiment de liberté et d'amour.

À qui la faute ?

Nous avons tous connu, d'expérience ou par l'intermédiaire de fictions cinématographiques ou littéraires, la classe condamnée à payer pour une entrave anonyme au règlement. Parfois le silence qui entoure le « méfait » résulte d'une solidarité insolente et jouissive par rapport à une autorité qui abuse de châtiments vexatoires, et dans la joyeuse communauté d'une résistance tacite « à l'ennemi », aide à se sentir moins isolé – moins abandonné. Cependant, le silence peut également être l'effet d'une inquiète et inquiétante, trouble et troublante lâcheté, autrement dit d'une difficulté à produire une conduite en accord avec certains principes universels. À étouffer le savoir, on participe à des actes auxquels pour « rien au monde » nous aurions souhaité être conviés.

Pour échapper à la guillotine ou ne pas trahir la cause (familiale, politique, patriotique, révolutionnaire), certains silences « criminels » s'accompagnent, pour celui qui y participe, d'un sentiment de culpabilité, vécu comme une triste et indicible dépendance, qui le conduisent à des comportements obsessionnels, dont il ne saura se débarrasser, pour n'avoir pas conscience de leurs motivations.

Perte de liberté et perte de sérénité. À nier d'infimes culpabilités, à ruser pour duper, la crainte d'être découvert nous maintient dans des états infantiles. Les mauvaises[1] dépendances étant celles qui nous font… aller mal, plus mal que bien, toute attache coupable ou culpabilisante les accentue.

Quand à la suite d'actes malencontreux la douleur sévit, il s'agit de se détacher de la cause qui l'a engendrée… non d'accuser mais de parvenir à se désolidariser de ce qui distille ou alimente chez l'un ou l'autre – à travers ingratitude, mépris, sauvagerie, indifférence – le sentiment d'être abandonné par les siens.

Dissimuler une faille la colmate, mais avec le temps erreur ou crime, maintenus cachés, étouffent et finissent par « faire symptôme ». Chercher la cause n'est pas dénoncer la faute, mais remonter à la source pour la découvrir et la dédramatiser. Approcher un malheur ne le justifie pas mais participe à dénouer les tensions qu'il génère, à décomposer l'image qu'il renvoie de l'être et à la recomposer sans plus se réfugier derrière un retour à un passé idéal qui n'a pas existé. Il faut apprendre à nommer et à accepter la partie souffrante en soi, à ne pas la fuir dans une quête illusoire de perfection, mais à se dégager d'un passé intériorisé dont les effets nocifs agissent à notre insu. Apprendre à ne plus en avoir honte, à réinscrire cette partie de soi dans son histoire actuelle en des termes renouvelés, à travers lesquels on apprend à se connaître, à se découvrir, à s'affirmer… soi-m'aime.

Le sentiment de culpabilité lié à celui d'abandon est nuisible et il est humain de chercher à l'atténuer. Les parents soucieux d'autoriser liberté

1. Mauvais : mau-vais, mal vais, je vais mal.

et sociabilité à leurs enfants devront s'appliquer à ne le transmettre ni le communiquer.

Nous dépendons tous d'événements qui ont touché nos proches parents et nos ancêtres, d'actes ou gestes qu'ils ont accomplis. Évaluer sa part de responsabilité devient vital quand la culpabilité envahit au point d'entraîner des conduites de dépendances (alcoolisme, addictions, toxicomanies) qui – par les dépendances secondaires, les sensations d'impuissance ou les obsessions embarrassantes qu'elles induisent ou réveillent – rappellent ce qu'on aspire à enterrer...

Qu'un accident survienne et surgit le spectre du drame oublié, fantôme d'un ancêtre blessant ou blessé... Souvenirs inconscients, sombres réminiscences dont notre corps accuse *les coups*, en écho à une de ces chutes plus ou moins douloureuses, qui survint un jour où les forces parentales manquèrent. L'accident qui se produit sur le chemin est là comme un appel à la conscience... pour repenser ce manque et l'absence qui l'a constitué, trop souvent entendu comme un appel à la culpabilité, qu'il réveille on ne sait d'où. Pourtant appel à la vigilance, cet accident devrait aider à mieux s'aimer.

Provoquant l'effroi, l'accident du fils réveille une hyperinsécurité maternelle et renvoie la relation parentale à une indicible culpabilité. Perçue comme honteuse, on tend à la dissimuler[1], mais elle aspire l'énergie, monopolise l'esprit, amorce un cercle vicieux puisque l'enfant élevé sous l'emprise de la culpabilité se sent bien vite... abandonné. Si aucun travail de réparation n'est fait, souvent, à la génération suivante, la

1. « Nous avons éprouvé un sentiment de honte, après la mort de nos filles, lié au sentiment de toute-puissance qui anime les parents de jeunes enfants : on croit qu'on peut tout arranger dans leur vie. (...) Notre mission était de préserver la vie de nos enfants, et nous y avions échoué pour l'une comme pour l'autre. » Sous la direction d'Alain Houziaux, Jean Alexandre, Jean-Pierre Denis, Geneviève Jurgensen, *Peut-on se remettre d'un malheur*, Editions de l'atelier, 2004.

culpabilité ressurgit comme signe d'une absence symptomatique de prudence ou la conjuration d'un sentiment d'abandon. « Je ne suis coupable de rien, il ne m'arrivera rien »... Un enfant, pour s'en convaincre, prendra des risques terribles... parfois au détriment de la vie, du tissage des liens qui la symbolise et de l'inscription de limites humaines dans le réel.

Père ou mère peuvent accorder, sous l'emprise de la culpabilité ancestrale, une absolue liberté à une fille qui deviendra à son tour une mère indifférente, à la limite du sadisme, donc abandonnante. Et l'enfant cherchera refuge et consolation dans quelque drogue... comme dans un paradis perdu... pour oublier la douleur et attirer l'attention.

À travers une feinte indifférence, consécutive à un grave accident, un enfant ressent, d'inconscient à inconscient, l'hyperanxiété parentale étouffée (de génération en génération).

Les non-dits autour d'un abandon impensé ou vécu comme une irrémédiable fatalité contraignent l'enfant à refouler à son tour « l'indéterminé fatal » que les non-dits sont censés taire, mais qui se transmet par d'autres voies. Catatonie, mutisme, dépression, repli anorexique peuvent concrétiser des fuites devant la douleur de l'abandon et de ses contrecoups, quand cette douleur se fait lancinante... Douleur de père ou mère, aussi longtemps qu'elle n'est « dénouée », transpire[1], encombre et invite la descendance à refouler la sienne, à la nier en s'anesthésiant d'une façon ou d'une autre...

Il ne suffit pas de vouloir s'en débarrasser. Il faut apprendre à dénouer les liens qui nous attachent, et résoudre les nœuds jusqu'à les... dissoudre, s'en « désolidariser ».

---

1. « Transpirer », d'un point de vue étymologique : *trans,* « à travers », *spire,* « esprit, souffle » « paraître au jour, finir par être connu »...

Chapitre 3

Rebondir

L'effet de levier

Même s'il affecte l'être en son intimité, l'abandon peut être source de progrès.

Comment ne pas se laisser détruire par qui nous évince ou nous manque de respect ? Ou quand on se sent rejeté ? Plutôt que de tenir tête à qui les rejette, d'aucuns puisent une énergie en ce rejet et, leur optimisme aidant à transcender la difficulté, ils excellent dans l'art de convertir le passif en actif. Pourquoi ne pas profiter d'une traversée du désert pour savourer les effets d'une autre lumière et découvrir de nouveaux paysages plutôt que de se lamenter sur les défauts de ce qui nous prive des attraits de cette lumière inédite ? Quand la fortune semble bouder, plutôt que de se lamenter sur ce que l'on n'a pas, mieux vaut compter sur ce que l'on a, et tenter de transformer une situation de rupture (avec le passé, avec le succès, avec l'idéal) inattendue en occasion de rebondir. Il est en effet préférable de recourir à des ressources insoupçonnées avant que ne s'installe un sentiment destructeur d'incapacité.

Tout acte, tout événement peut être source de trouble et, mal vécu, incompris, devenir source de traumatisme. Le trouble est ce qui décontenance. Le traumatisme est ce qui, trop intense, blesse et bouleverse. La face sombre de l'histoire dont témoignent les mythes ne doit pas l'emporter sur la lumière qu'ils peuvent révéler. Chacun étant libre de la façon de reconduire la vie, l'ombre des grands et petits drames dont il dépend (aussi) ne devrait pas empêcher de se bien porter soi-même, en étant conscient de ces dépendances.

Lorsque notre fragilité humaine, accentuée par un événement, nous rappelle à notre dépendance, la croissance semble alors bloquée, comme si nous étions ou avions été maintenu en enfance, dont nous retrouvons l'apparente grâce et l'inquiétant sentiment d'incomplétude... Nous éprouvons dans ces moments la sensation d'inachèvement et la nécessité plus poignante de l'autre (patron, mari, parents, amant) pour subvenir à nos besoins.

Quand la vie devrait être pensée en termes de progrès personnels au bénéfice d'une communauté, il est difficile mais impératif de ne pas se laisser envahir par la sensation de difficulté.

Il est de meilleures consolations que la vengeance, qui accentue les dépendances à l'objet de notre souffrance. Songer bien sûr à réparer ce qui fut lésé en soi, mais se donner aussi ce que l'on n'avait pas jusque-là – et *que nul sinon soi ne saurait accorder*. L'abandon crée un vide que l'on peut tenter d'utiliser à bon escient... Sans laisser le temps aux sentiments dépréciatifs de s'emparer de nous, on peut utiliser ce vide (qui nous libère) pour comprendre et intégrer cet « essentiel » qui, à travers abandon ou trahison (toujours doublés de déception), a été mis en jeu, le percevoir comme l'indicateur d'une direction plus favorable. Ne pas se sentir coupable de ne pas correspondre au désir de qui ne veut pas de nous autorise à se sentir responsable ! Partir à la rencontre de qui admet nos désirs rappelle que l'on est malgré tout désirable. Quand l'ambition professionnelle est contrariée par une trahison, pourquoi ne pas créer un foyer, faire un enfant et, une fois les batteries affectives rechargées, repartir à la conquête du monde professionnel, qu'aucune déception ne doit suffire à faire abandonner !

Une dépression, comme le creux de la vague, permet de rassembler ses forces, de se resituer sur sa (propre) route sans se laisser (soi-même) tomber. Conçu en ces circonstances, un enfant ne sera pas objet de consolation pour éponger un chagrin, mais sujet à réconciliation avec soi-même, non pas le fruit de la déception d'un mal aimant mais celui d'une aimable rencontre. Comme à toute femme qui la désire, la maternité donne des forces pour remonter en scène mieux armée.

Olivier, avocat en Argentine, s'est exilé en France à la suite d'un divorce douloureux. Son diplôme n'étant pas reconnu, il est contraint à des petits boulots alimentaires. Devenu veilleur de nuit, il déclare un ulcère au bout de quelques mois. Pudique, sans se lamenter, il comprend vite qu'il doit changer de situation, et bientôt devient chauffeur de maître. Cependant, son teint mat provoque des réactions négatives qui lui communiquent un sentiment de dépréciation et renforcent son isolement. Il prend donc le risque de donner sa démission. De difficultés en difficultés, plutôt que de s'apitoyer, il trouve dans ses épreuves la force de rebondir et redécouvre ce qu'il avait failli oublier pour cause de désespoir : il est trilingue. C'est ainsi qu'il atterrit à l'Unesco comme interprète, poste qu'il n'aurait jamais obtenu s'il avait laissé la souffrance lui ronger l'estomac.

Rebondir avec grâce et réussite nécessite toutefois une santé de base, favorisée par une meilleure compréhension de nos mécanismes fondateurs et destructeurs, dans une approche de l'intime qui comble les vides et compense les manques.

Dénouer le fil d'Ariane

Après avoir engendré, alors qu'il n'aurait pas dû le faire, Laïos n'ayant pas le courage de sa paternité, n'accorde à Œdipe, son fils, aucun moyen d'assumer son histoire. Se dérobant en tant que père, il abandonne sa progéniture dans le dénuement matériel et symbolique. La bienveillance de la main qui a soustrait Œdipe aux bêtes sauvages n'a pas suffi à le sauver. Démuni de protection maternelle et de connaissance pour pallier la malchance liée à ses origines, il reste définitivement marqué par la transgression et les failles parentales.

L'informer de son histoire, l'éveiller, bien entouré, à la responsabilité, lui aurait donné une chance, non plus de s'échapper pour fuir, mais de *se sauver*, sans se dérober à la tragédie en laquelle s'origine son destin, et participer en connaissance de cause à l'élaboration de ce destin. Construction de l'esprit, entre rêve porteur et réalité restrictive, le mythe individuel reflète la vérité intime du sujet, sur laquelle se greffe une fiction directrice, orientant les projets qui l'exprime pour l'inscrire dans l'histoire. C'est comme si Œdipe, n'étant pas celui qu'il croyait être, avait été privé de sa vérité. Les origines, sur lesquelles repose sa fiction n'étant pas celles qu'on lui avait d'abord attribuées, il n'a pu compenser ses handicaps puisque, souffrant, il ignorait ce dont il souffrait mais aussi que cette souffrance se lovait en tout premier lieu à l'intérieur de lui-même. La faute de son père réel lui étant inconnue, il ne pouvait s'en délivrer. Il ne put qu'expier ce sacrifice que son père fit de lui. Comme si, condamné à la dépendance, il n'était agité par aucune aspiration personnelle, si ce n'est celle d'échapper, en ignorant à quoi, pour quoi, vers où.

Comment accepter ce que l'on ignore ? Comment supporter le refoulé parental ? Comment ne pas payer... les dettes que l'on croit ne pas avoir contractées ?

Les mythes ne sont pas transmis pour justifier malheur ou détresse, ni pour s'inscrire dans la fatalité. Vastes songes, ils tendent, au moyen d'allégories collectives, des clefs à qui parvient à les déchiffrer. Œdipe sut déchiffrer l'énigme du Sphinx, qui ne lui a pas ouvert les yeux ni délivré les clefs de son destin. Était-il trop peu armé ou trop effrayé ?

Une clef ouvrant une porte qui conduit à une autre porte qui à son tour exigera une nouvelle clef, on n'en finirait pas de déchiffrer la vie pour essayer de bien la mener, sans jamais avoir le temps de s'asseoir sur ses lauriers... Peut-être Œdipe, impatient de se délivrer du malheur, s'est-il trop vite confondu avec le succès que sa victoire face au Sphinx lui avait valu à Thèbes ? Défaut de jeunesse, dont on pourrait s'inspirer pour ne pas y céder et prendre le temps d'investir son histoire compromise par la naissance ou une séparation... *malmenée et malmenante.*

Comment Jocaste n'a-t-elle pas reconnu l'enfant qu'elle avait mis au monde ? Comment Œdipe ne s'est-il interrogé sur les cicatrices qu'il avait aux pieds ? Pourquoi si peu de prudence ? À chacun, selon son histoire, de comprendre comment ne pas se laisser aveugler...

Heureux et se sentant reconnu dans ses nouvelles fonctions, Olivier (l'avocat argentin cité plus haut) décide de poursuivre sa psychanalyse. C'est ainsi qu'il découvre que, derrière son exil, se cachait en fait la peur de ses origines. Son père, prétendument victime disparue, était en fait du côté des tortionnaires. De plus, il avait eu des rapports incestueux avec sa propre sœur, et avait violenté sa fille, « la petite dernière », avec le consentement de sa femme, la mère de Paul, qui faisait jusque-là figure de sainte au yeux de son fils.

Olivier se sentait coupable dans son exil d'avoir fui le tendre amour de cette jeune sœur atteinte d'un mutisme incompréhensible. Il découvre, ainsi, comment il en est venu à choisir la profession d'avocat, et comment aussi avoir renoncé à exercer ce métier lui a permis d'atteindre sa vérité et de s'accomplir.

Débrouiller l'écheveau, dénouer le fil d'Ariane de nos douleurs jusqu'à la lumière. S'émanciper, comme n'a pas su le faire Médée, d'un passé pour enfin advenir sujet indépendant. Voir et vivre au grand jour à travers un regard et des actes personnels, ancrés dans le présent et non soumis au poids mortifère d'un passé de souffrances trop vite refoulées, que ce passé soit celui de notre enfance ou celui de nos ancêtres, dont la mémoire somnolente inconsciente nous berce ou nous mystifie jusqu'à nous abstraire de l'actualité de nos intérêts vitaux.

Dans la tragédie de Phèdre, comme en psychanalyse, la parole s'apparente à un acte. Tantôt égarée, tantôt mûrie et réfléchie, elle intervient pour infléchir l'action ou la paralyser. Dans ce drame, toutefois, l'écoute d'Œnone, non proposée dans sa dimension universelle, est de parti pris. Bien utilisée, à des fins constructives, elle aide à libérer de ce qui, indûment maintenu caché ou trop vite éludé, torture, stérilise, martyrise toujours plus. Quand certains secrets, fomentés dans l'ombre, parviennent à la lumière, ils cessent d'autant plus de torturer qu'ils cessent d'exclure (de dissocier), à condition que celui qui les recueille s'interdise de manipuler qui les lui livre, et que la souffrance ne soit pas encore irrémédiablement inscrite dans les chairs.

Comment aurait-on pu éviter la mort d'Hippolyte ? qu'un père soit privé de son fils ? que le désespoir ne l'emporte ? Comment éviter que celui qui subit les fautes sans les avoir commises ne finisse par en commettre comme pour justifier le poids de ce qu'il a subi ? Et « justifier l'injustice » en la motivant *a posteriori.* Nombre de secrets mis à jour révèlent combien ils auraient été mineurs et leurs conséquences infimes s'ils n'avaient été tenus cachés.

Phèdre, plutôt que jalousement gardée par une nourrice attachante, aurait-elle pu échapper à ses tourments et s'armer de patience, s'interdire l'interdit, en attendant le retour de son époux ?

La découverte d'un adultère nuit d'autant plus à sa victime que, maintenue à l'écart, on l'alimente dans une confiance mal placée, une innocence dérisoire qui, une fois « le crime » révélé, l'amoindrissent, la ridiculisent aux yeux de toute une société. Une faute, c'est-à-dire un manquement à un règlement, une éraflure dans un contrat, et le plaisir promis ou autorisé « dans l'illégitimité » s'avèrent « honteux » pour l'auteur de cette faute lorsqu'il est découvert, mais discriminatoire pour qui en fut victime. Se laisser tromper est, en effet, le plus souvent interprété comme un signe de faiblesse. Sans songer à interdire ou s'interdire tout plaisir qui se présente s'il n'est inscrit noir sur blanc dans un contrat ou un règlement, réfléchir à ses retombées et conséquences lorsqu'il se présente incite à ne pas jouir aux dépens d'autrui, à ne pas se construire sur ce qui le fait souffrir. Quand le plaisir inattendu surgit aux détours d'un chemin, il faut veiller à reconsidérer l'économie sentimentale, sans se laisser submerger au point d'en éclabousser l'entourage.

Prendre conscience de la portée de ses actes pour mieux en comprendre le sens et l'intention, la causalité et le fondement, réoriente une conduite dans une optique « généreuse », c'est-à-dire qui tienne compte autant de soi que de l'autre.

Il ne s'agit pas d'interdire la jouissance non programmée, mais de mieux se l'autoriser afin de pouvoir la vivre en toute liberté, par exemple, sans emprisonner l'autre dans un mensonge qui nous protège mais nous l'aliène. Autrement dit, la jouissance ne devrait pas être dépendante de la souffrance que l'on impose ou non à l'autre et, par contrecoup, tôt ou tard à soi-même. Comment parvenir à prendre plaisir sans le vivre ni le faire vivre comme une faute ? Comment échapper à cette éventualité quand soudain se présente, exigeante et excitante, la possibilité de nous extraire de la grisaille quotidienne ?

J'aime encore comme je nous ai aimés

Que faire lorsque l'on nous demande de nous effacer ? Lorsque l'homme de notre vie nous abandonne pour une autre... Quand la révélation publique de leur idylle semble nous rayer de la terre ? Comment réagir lorsque « l'autre » est si divinement présent au cœur de l'actualité que l'on ne peut que donner raison à celui (ou celle) qui nous a quitté(e) de nous avoir quitté(e) ? Comment ne pas se dissoudre quand il nous efface de son univers ? Comment ne pas renoncer à être soi, sinon en décidant d'être mieux que soi ?

Sentiments de perte et de déchéance menacent d'emporter celui que l'autre quitte pour un nouvel amour qui le comble de ce que lui-même ne pouvait offrir – l'enfant pour cause de stérilité, les sorties, les amis, le sport car seule la musique le passionnait. On peut choisir d'assumer honte et culpabilité, traduire son ressentiment en dénonçant publiquement sa blessure, mais on doit savoir le faire avec un talent tel que nul ne songerait à en faire le reproche...

Transposer un chagrin sinistre et égoïste en une fable piquante à caractère plus universel (qui n'a été trompé au moins une fois dans sa vie ?), sublimer un malheur par la création sont d'heureuses façons de transformer, pour s'en détacher, un objet de rancœur en œuvre. À quoi bon s'user dans de vaines aigreurs ? Quand la jalousie dévore, racornit et ajoute une plus-value à celui qui la suscite, un regard entre humour et tendresse sur le passé en redore les plus aimables aspects. Dérision et autodérision sont de précieux atouts au moment de se détourner de qui nous quitte.

Audrey s'est sentie humiliée non pas tant d'avoir été abandonnée pour une autre, mais par la révélation publique de la liaison de son conjoint et de cette autre, liaison présentée comme symbole d'exceptionnelle réussite amoureuse. Cet effet d'annonce a coloré de façon négative la relation qu'elle-même avait entretenue pendant plus de dix ans avec cet homme, auprès duquel elle s'était sentie aimée et en sécurité. Son bonheur passé lui semble bafoué. Plutôt que de sombrer, par respect pour cet amour perdu qui la nourrit encore, elle décide de lui faire honneur et de ne pas afficher sa déception. Malgré ses déconvenues, elle en fait une fable qui devient bientôt un spectacle à succès, au travers duquel elle se fait reconnaître. Elle recueille la sympathie du public et le succès de son ex-amant n'est plus une menace puisqu'elle a su rencontrer le sien.

La dépendance joue en faveur du rival pour qui l'aimé a d'autant plus de valeur qu'il est aimé ailleurs. Une stratégie créatrice débouche en général sur un succès qui, renouvelant la force d'attraction, aide à ne pas s'apitoyer sur son sort, et redore son blason.

Renoncer à son abandon

Accrocher par le sourire émeut, insister pour obtenir un rendez-vous sur-le-champ autorise quelques légitimes satisfactions, mais se transformer en mur des lamentations ou puits de récriminations rend rébarbatif. On pleure, on tape du pied, on retient à soi, on trépigne, on éternise une conversation, on fait pression pour imposer sa volonté, au médecin, au pharmacien, à ses enfants, on ne sait partir ni laisser partir… Du caprice à la crise de nerfs, du reproche à l'effusion soudaine, de l'excès de prévenance à une brutale indifférence, de la crise d'autorité à la démission la plus décevante, la crainte de se retrouver encore plus prématurément seul que nous l'avons (un jour) été dément toute une volonté affichée de pacification. Emportement autoritaire, contrariété amicale, fatigue passagère, ennui ? D'inquiétantes sautes d'humeur dont on fait semblant d'être maître bouleversent à l'instant où nous aurions aimé être aimable. Nous avons tous éprouvé un jour de la difficulté à quitter un lieu, une personne, ou à la retrouver par peur de ne pouvoir supporter la rencontre.

Multiples, les situations d'abandon gardées sur le cœur varient d'une sensibilité à l'autre et se déclinent en un nombre aussi important que celui des personnalités. Certaines de ces situations sont de haute portée symbolique, par exemple une promesse de mariage trahie par celui-là même qui l'avait arrachée...

Quand une écoute trop peu attentive n'ajouterait que douleur à la douleur, on préfère enterrer ce qui a blessé... Les interventions d'un entourage peu disponible n'étant souvent d'aucun réconfort, manque de tact, malveillance ou marque d'indélicatesse accentuant le sentiment de détresse, et l'on préfère se replier sur soi.

Pourtant, la mise en mots atténue la douleur dont elle tarit progressivement la source et le renouvellement. Parler en confiance aide à se reconnaître en faisant reconnaître sa douleur. Sans effacer ce qui a produit un sentiment de mésamour, le (re)considérer permet de le mettre à distance, de cicatriser les plaies occasionnées, de transformer une expérience négative car douloureuse en expérience moins douloureuse car comprise et intégrée à son actif. On est ainsi autorisé à ne plus subir la douleur comme un interdit dans ce silence si profitable à la culpabilité qui, elle aussi, « fait symptôme » quand elle empêche de se sentir bien avec soi-même.

Étrange abandon qui réveille le sentiment de ce que nous aurions voulu être et que nous ne serons jamais plus, nous presse de supporter l'impossible, accentue la perception des limites qu'il nous encourage à transgresser, en exacerbant nos imperfections, nos manques et nos excès... L'abandon nous exhorte à demander toujours plus, et pourquoi pas mieux, pour compenser l'impression d'avoir reçu moins bien que, dans la douleur, nous l'exigions... Il dit l'absence et la séparation, l'ambiguïté de l'idéal, les cruautés de la solitude lorsque nous l'évitons, et ses délices lorsqu'elle devient refuge. Il nous souffle l'histoire de nos dépendances, petites ou grandes, de notre difficulté à être quand, en mal de reconnaissance, il insiste sur nos frustrations. Sachant que rares sont ceux qu'il épargne, comprendre sa complexité entre nostalgie et désespérance aide à l'aborder comme une occasion de grandir plutôt que de souffrir...

Comment ne plus être en éternelle attente ? Ni confondre échéance et déchéance, quand craintif, on aperçoit un reflet de ce que l'on refuse d'être ? Comment ne plus se dissimuler derrière une cigarette (de plus), noyer sa contrariété dans un verre de rosé, se laisser allécher par d'insignifiantes promesses, ronger ses ongles en même temps que son frein quand un ennemi supposé attise notre convoitise ? Comment ne plus se reprocher de ne pas être le parent que nous aurions voulu avoir ?

Pourquoi engloutir ses nuits dans l'informatique quand nous pourrions les partager avec l'amour de notre vie ? Ou faire exploser son forfait téléphonique au bénéfice d'un industriel que nos dépendances alimentent autant qu'elles menacent de nous ruiner... Pourquoi accepter l'invitation que l'on était déterminé à écarter ? Pourquoi se refuser de jouir de vacances ou de revenus inattendus sans culpabilité et bouder la chance tant espérée pour mieux la gâcher quand elle se présente ? Comment ne pas faire fuir celui que l'on désire, dès qu'il faut s'engager, de peur de trahir ce qui nous retient dans le passé ? Comment ne plus desservir ses intérêts vitaux et ceux de sa progéniture, sous prétexte de fidélité à quelque engagement idéaliste mais puéril, pris jadis sur un coup de tête, par bravade ou fanfaronnade ou encore dans l'espoir de conserver au centième de millimètre près sa place entière dans le cœur de sa mère ? Comment ne pas (trop) céder à ses peurs les plus enfouies ni faire rimer perspective de bonheur avec promesse de douleur ? Comment accorder ses désirs à la réalité sans renier ses rêves ? Comment oser se débarrasser de vieilles frusques qui occupent en sourdine notre esprit lorsqu'on croit qu'elles n'encombrent que la penderie ? Pourquoi blêmir d'envie et sombrer dans la détresse dès que le regard de notre père, de notre promis, de notre chef, de notre animal favori, de notre dame de compagnie, s'arrête sur l'autre… et pas sur nous ? Comment ne pas fondre en extase au premier compliment et répondre par une allergie à la moindre critique ? Bref, comment ne pas cultiver au nom d'une antique nostalgie un sentiment parasite ?

Quand, tenace, il s'obstine, pourquoi ne pas entendre ce que l'abandon veut bien nous raconter et le sublimer… pour en extraire de quoi nourrir sa créativité ?

La sublimation[1]

Alors qu'il en tourmente plus d'un, le sentiment d'abandon, et l'émotivité qu'il implique, n'a pas bonne presse, car il agit comme un parasite dont on ne perçoit que les nuisances.

Sublimer l'émotion pour qu'elle n'apparaisse plus comme le reflet minoritaire d'une singularité malmenée, mais comme un miroir de l'intimité (plus ou moins universelle) où il est doux de se retrouver parmi d'autres, sans se sentir condamné, et la traduire en œuvres d'art, poèmes ou chansons, dans lesquelles un grand nombre se retrouve, se ressource, ne relève

1. « En psychanalyse, processus de transfert d'une pulsion (sexuelle notamment) vers des objectifs socialement valorisants » (Encyclopédie Universalis).

pas des capacités ni de la volonté de tous. Il faut savoir mettre en retrait ce qui nous tourmente, ou apprendre à le relativiser, si l'on veut, ce qui est vital, creuser, trouver, garder sa place au cœur d'une collectivité.

La collectivité, qui a besoin de se vivre forte autour de l'espoir, ne supporte pas de se laisser entamer par qui la parasite, qu'elle a tendance à rejeter. C'est pourquoi l'inquiet, l'abandonné, le délaissé, le mal-aimé n'a guère droit de cité. Pour se faire accepter par la collectivité, il devra réprimer ses sentiments, sans pouvoir pour autant les neutraliser. Alors pourquoi ne pas les traduire, pour s'en libérer, en les livrant à sa créativité ?

Toute souffrance déclenchée, aussi longtemps qu'elle n'est pas prise en compte, gémit en silence pour se faire entendre, même joyeusement ! Certains, pour qui elle devient même un mode de vie, la déguisent avec beaucoup d'habileté derrière des habits de clowns ou des mimiques de bonheur… qui ont le don de faire rire de ce qui les fit souffrir. C'est une façon de l'oublier, d'oublier ce dont on ne peut se séparer. À travers leur gaieté, leur souffrance continue à se faire entendre, brûlante pour eux, mais sublimée depuis le jour où, intolérable à entendre, elle fut aussitôt interdite. Certains ont la grâce de l'utiliser pour nous distraire, d'autres ont le talent de la vivre sans que personne n'en souffre, d'autres ont besoin de soutien pour mettre un terme à ce qui les torture.

Le bonheur d'être soi

« Il faut que le cœur se brise ou se bronze », disait au XVIIIe siècle le moraliste Chamfort… abandonné par sa mère et déclaré de parents inconnus, car fruit de l'adultère avec un dignitaire ecclésiastique… On imagine qu'ayant appris à composer avec le sentiment de n'avoir pas été désiré, sa maxime nous livre l'énigme des tourments qui l'ont agité. Un cœur bronzé serait plus seyant qu'un cœur brisé pour réconforter le mal-aimé au contact de l'adversité. Mais pourquoi ne pas s'imaginer ici un cœur redoré sous les effet d'un soleil symbolique plutôt que rigidifié par la dureté de la vie ? La force des statues coulées dans le bronze pour traverser les siècles malgré les intempéries est remarquable, mais s'il est utile d'apprendre à résister aux assauts de ses déchirements intérieurs, il l'est tout autant d'apprendre à réagir avec souplesse à la dure réalité, pour cueillir la vie du bon côté, sans exiger ce qui ne put nous être apporté, ni regretter de ne pas être né autre. Bien sûr, nous aspirons tous secrètement à quelque éternité, et la fin inquiète… Il serait cependant davantage question d'apprendre à ne plus souffrir de nos dépendances, de façon à vivre avec bonheur dans la plénitude le moment présent, confiant en l'avenir, que d'apprendre à se durcir pour accéder à une réelle éternité…

Sans confondre le but et le départ, ne plus avoir peur d'être abandonné, c'est décider de tendre vers la disparition de la peur. Non la dissiper, ni l'imaginer aussitôt dissipée, mais parvenir à la dissiper, donc la supporter jusqu'à ce que nous ayons pu réorganiser ce qui régit nos émotions afin qu'elles ne produisent plus de peur.

Il faut savoir apprécier la solitude, nouer de meilleures relations, moins souffrir de n'être que soi pour avoir le bonheur d'être enfin soi.

Conclusion

Pudeur, craintes, désir de plaire et soif de reconnaissance, par nécessité ou préférence, nous intiment depuis toujours de contenir ce qui nous fait souffrir. Mais au fur et à mesure que nous nous efforçons de ne pas le révéler, ce non-dit contrarie l'avancée à laquelle nous aspirons en tant qu'êtres humains.

Toute expression de la souffrance est véritable et trouve sa légitimité au cœur de l'histoire dans laquelle elle s'inscrit. Quand, entre peur et désir, la souffrance nous retient – comme si « nous y étions attachés » sans pour autant y prendre plaisir – nous peinons plus encore à nous en départir.

Ce n'est pas tant par complaisance que nous nous identifions aux héros marqués par l'abandon, que parce que nous reconnaissons en eux nos secrets tourments et espérons y puiser la force de ne pas y céder.

En interrogeant le mal-être lié à la séparation, en me penchant sur sa genèse, en l'appréhendant dans ses diverses manifestations, j'espère avoir contribué à favoriser sa résorption. Peut-être aurais-je rendu moins inquiétants ces instants que nous fuyons autant qu'ils nous fascinent quand la reviviscence d'expériences premières enfouies nous ébranle.

La vie est souvent une question d'impressions, aussi fugaces qu'impalpables qui, en écho avec le passé, alimentent la réalité.

Ainsi les difficultés que nous traversons sont souvent liées à des craintes irrationnelles, rassurantes car coutumières, qui trouvent leur cause et leur sens non dans la réalité présente, mais dans les origines familiales et ancestrales. Apprendre à ne plus cultiver ces craintes ni à les subir, mais à s'en guérir, conduit à aimer sans faire souffrir.

Les relations (d'amour) se tissent aussi en silence d'inconscient à inconscient. Dans le meilleur des cas, elles sont portées par un sentiment moteur ; dans le pire des cas, elles sont perturbées par la culpabilité de quitter qui ne parvient pas à nous quitter.

Se rendre précieux, indispensable, impressionnant, en déclenchant l'anxiété de l'autre, par des absences imprévues par exemple, pour l'apaiser ensuite de sa présence, est revigorant sur le moment. Mais cela reste moins structurant que de se rendre utile en aimant.

Si la personne avec laquelle on vit éprouve une angoisse – liée au sentiment d'abandon et à la crainte de la séparation – supérieure à la nôtre, on peut aussi ignorer sa propre angoisse, tout en se nourrissant de celle de l'autre !

On ne guérit pas de soi-même… la vérité cependant étant souvent plus redoutée que réellement redoutable, apprendre à se connaître, en la découvrant, est aussi apprendre à bien (s')aimer.

La souffrance a besoin d'être calmée, pour ne plus entretenir un système piégé mais pour permettre d'inventer un mode de vie conjugué au présent du verbe aimer.

Il n'est de sentiment qui ne mérite une aimable considération. Ni de petit malheur qui ne vaille d'être pensé et pansé...

Indépendamment des épreuves qu'elle invite à traverser, chaque séparation devrait être entendue comme un rite de passage.

Bien menée, elle permet de se réveiller malgré les erreurs, en ouvrant les yeux, le cœur, non sur l'absence – de parents, d'enfant, d'amant – mais sur une nouvelle forme de présence.

Apprendre à bien se séparer, c'est apprendre à se détacher sans plus se sentir abandonné et trouver du plaisir à ... bien se retrouver. C'est combler les manques sans attendre des autres qu'ils le fassent à notre place.

C'est apprendre à ne plus avoir ni peur ni besoin de son malheur pour enfin se penser en devenir, et prendre plaisir à être aimé sans plus souffrir de ne pas l'avoir été.

Comprendre l'histoire de laquelle nous participons procure le bonheur de se sentir acteur à part entière de sa destinée et de mieux interpréter sa partition.

Le chemin qui mène à la connaissance de soi à travers les relations qui nous fondent est celui qui permet de mieux atteindre cette vérité personnelle dans laquelle d'autres pourtant se reconnaîtront.

L'approche psychanalytique, telle l'ouverture d'un espace intime au sein duquel la douleur est autorisée à s'exprimer, œuvre ainsi à sa dissipation. Elle reste une des meilleures réponses pour celui qui, voulant se libérer de cette douleur, prise autant son indépendance d'esprit et de cœur qu'il apprécie le partage, la convivialité et la vie en société.

Toute quête de vérité serait quête de salubrité, c'est-à-dire de santé.

Bibliographie

Le lecteur trouvera ci-après une bibliographie sélective qui a soutenu plus particulièrement la rédaction de ce livre. Il va de soi cependant qu'il n'aurait pu s'écrire sans l'apport des nombreuses lectures et recherches qui depuis plusieurs années l'ont précédé, tant dans le domaine psychanalytique, qu'artistique ou littéraire. (Certains auteurs sont d'ailleurs cités, çà et là, au fil de la lecture.)

AUBRY JENNY, *Psychanalyse des enfants séparés*, Denoël, coll. L'espace analytique, 2003

BALMARY MARIE, *L'homme aux statues : Freud et la faute cachée du père*, Grasset, 2003

RAIMBAULT GINETTE, *Parlons du deuil*, Payot, 2004

RAIMBAULT GINETTE, *Lorsque l'enfant disparaît*, Odile Jacob, coll. Opus, 1999

NAOURI ALDO, *Une place pour le père*, Seuil, coll. Points Seuil, 1982

DUMAS DIDIER, *L'ange et le fantôme : Introduction à la clinique de l'impensé généalogique*, Minuit 1985

SERGE LEBOVICI, MARIE-FRANCE CASTARÈDE, *L'enfance retrouvée : une vie en psychanalyse*, Flammarion 1992

D.W. WINNICOTT, *La crainte de l'effondrement et autres situations cliniques*, Gallimard, 2000

ELIACHEFF CAROLINE, HEINICH NATHALIE, *Mères-filles : une relation à trois*, Albin Michel 2003

PONTALIS J.-B., *Perdre de vue, Gallimard*, 1998

PONTALIS J.-B., *Entre le rêve et la douleur*, Gallimard 1977

MANNONI MAUD, *Le premier rendez-vous avec le psychanalyste*, Gallimard, 1988

MILLER ALICE, *Le drame de l'enfant doué*, PUF, coll. Le fil rouge, 1993

KUTEC SERGE, *Abraham entre appartenance et identité*, cycle de conférences de la Société française de psychanalyse adlérienne 2003/2004

Magazine littéraire, n° 411 juillet-août 2002, « La dépression : de la mélancolie à la fatigue d'être soi » ; n° 422, juillet-août 2003 « L'angoisse : du péché originel à l'anxiété moderne »

NOTHOMB AMÉLIE, *Biographie de la faim*, Albin Michel, 2004

NIMIER MARIE, *La reine du silence*, Gallimard, 2004

LÉVY JUSTINE, *Rien de grave*, *Stock,* 2004

VICTOR HUGO, *Poésies vol.1., Enfants*, Flammarion, Étonnants classiques, 1996

Composé par Compo-Méca s.a.r.l.
64990 Mouguerre

Achevé d'imprimer : Jouve Paris

N° d'éditeur : 3149
N° d'imprimeur : 368431H
Dépôt légal : mars 2005

Imprimé en France